本书为"嘉兴学院—平湖师范附属小学教师发展学校（2018年产教融合基地）（2018）"研究成果。

基于学校课程体系建设的拓展类课程设计与实施

翁秀平　王明建　石根发　著

新疆文化出版社

图书在版编目(CIP)数据

基于学校课程体系建设的拓展类课程设计与实施 /
翁秀平，王明建，石根发著 . -- 乌鲁木齐：新疆文化出
版社，2022.12
　　ISBN 978-7-5694-3783-6

　　Ⅰ. ①基… Ⅱ. ①翁… ②王… ③石… Ⅲ. ①中小学
—课程建设—研究 Ⅳ. ①G632.3

中国国家版本馆CIP数据核字（2023）第017687号

基于学校课程体系建设的拓展类课程设计与实施
JIYU XUEXIAO KECHENG TIXI JIANSHE DE TUOZHANLEI KECHENG SHEJI YU SHISHI

著　　者	翁秀平　王明建　石根发
责任编辑	晁　婷
封面设计	启　航
出　　版	新疆文化出版社
地　　址	乌鲁木齐市沙依巴克区克拉玛依西街1100号（邮编830091）
电　　话	0991-3773946（编辑部）
发　　行	北京人文在线文化艺术有限公司
印　　刷	三河市龙大印装有限公司
开　　本	787 mm×1 092 mm　1/16
印　　张	12
字　　数	300千字
版　　次	2022年12月第1版
印　　次	2023年3月第1次印刷
书　　号	ISBN 978-7-5694-3783-6
定　　价	58.00元

前　言

随着课程改革的深入推进,在进一步优化学校课程结构、提高学生学习兴趣、促进学生全面而有个性的发展方面,拓展类课程优势凸显,越来越受到学校和教师的重视。2015年,浙江省发布了《关于建设义务教育拓展性课程的指导意见》,专门聚焦于拓展性课程的开发,认为拓展性课程建设应坚持多样性、层次性、综合性和实践性的原则。如何有效开发拓展类课程,已经成为摆在诸多学校和教师面前的重要课题。

但是拓展类课程的开发不能停留在单一课程之上,而应以学校的课程体系建设为基础。2014年4月,教育部颁布《关于全面深化课程改革　落实立德树人根本任务的意见》,提出要"坚持系统设计,整体规划育人各个环节的改革,整合利用各种资源,统筹协调各方力量,实现全科育人、全程育人、全员育人"。这就意味着学校课程的改革要在开齐开足国家规定课程的基础上,对学校课程进行全面规划与设计,并进一步聚焦课程的深度整合,"坚持重点突破,聚焦课程改革的关键领域和主要环节,针对制约课程改革的体制机制障碍,集中攻关,重点推进"。所以,拓展性课程的开发实际上是学校课程体系建设中的一个环节或聚焦点,探讨拓展类课程的设计与实施必须是在明确学校办学理念和培养目标,明晰学校总体课程体系的基础之上。

为解决如何在学校课程体系的基础上有效开发拓展性课程这个问题,我们编写了这本书。全书共分四个部分,第一部分是"理论与方法",从学校课程体系的内涵、要素、结构、类型、建设方式、建设流程和建设策略七个方面系统阐述了学校课程体系的基本组成要素、结构类型,以及学校课程体系建设的流程和策略。第二部分是"设计与实施",本部分聚焦于学校课程体系建设过程中拓展类课程的设计与实施,选取了社会服务活动、劳动技术与生活实践、传统手工艺制作、艺术创意设计与制作、技术操作与设计、信息技术、职业认知与体验、自我身份认同与多元文化八大类别,从拓展类课程开发过程中的目标确定、内容选择与组织、实施途径以及评价方法等方面具体阐释了不同类别拓展类课程开发的过程与方法，力求突出各大类别在开发过程中的特色与差异性。第三部分是"案例与经验"，以谢家湾小学和北京十一学校等中学的拓展类课程实施为例，分析案例，总结经验。第四部分是"问题与挑战"，集中论述了学校课程体系及拓展类课程建设应注意的问题，以及拓展类课程设计与实施面临的挑战。

由于多方面条件的制约，书中还存在诸多不足。另外，书中引用了大量的案例，在此一并表示感谢。希望此书能够对于正在参与学校课程体系建设及拓展类课程开发的老师带来一定的帮助。

目　　录

第一章　理论与方法

一、学校课程体系的内涵 ………………………………………………… 1

二、学校课程体系的要素 ………………………………………………… 4

三、学校课程体系的结构 ………………………………………………… 5

四、学校课程体系的类型 ………………………………………………… 6

五、学校课程体系建设的方式 …………………………………………… 8

六、学校课程体系建设的流程 …………………………………………… 11

七、学校课程体系建设的策略 …………………………………………… 15

第二章　设计与实施

一、社会服务活动类拓展性课程 ………………………………………… 19

二、劳动技术与生活实践类拓展性课程 ………………………………… 34

三、传统手工艺制作类拓展性课程 ……………………………………… 40

四、艺术创意设计与制作类拓展性课程 ………………………………… 52

五、技术操作与设计类拓展性课程 ……………………………………… 69

六、信息技术类拓展性课程 ……………………………………………… 98

七、职业认知与体验类拓展性课程 ……………………………………… 115

八、自我身份认同与多元文化类拓展性课程 …………………………… 135

第三章 案例与经验

一、谢家湾小学拓展类课程实施分析 ·····················147

二、北京十一学校等中学的拓展类课程实施分析 ·····················155

第四章 问题与挑战

一、学校课程体系及拓展类课程建设应注意的问题 ·····················173

二、拓展类课程设计与实施面临的挑战 ·····················178

参考文献

一、图书类 ·····················181

二、论文类 ·····················183

第一章　理论与方法

一、学校课程体系的内涵

由于学校课程体系建设是一项综合性、系统性工作，需要相关工作的支撑，在认识和实践上也就容易把它同校本课程这些工作的开发相混淆。况且，关于"学校课程体系"，当前主要有系统论的演绎、与课程结构的比较和新课程理念的贯穿，以及对这三个方面的综合运用四个分析角度。其中，系统论的演绎视角是指"若干有关事物或某些意识互相联系而构成的一个整体"[1]，它将学校课程体系界定为狭义的各类课程之间的组织与整合；与课程结构的比较视角则认为，狭义的学校课程体系就是课程结构，"是所设全部课程互相之间的分工和配合，是教学计划的核心"[2]，广义的学校课程体系"是在一定的教育价值理念指导下，将课程的各个构成要素加以排列组合，使各个课程要素在动态过程中统一指向课程体系目标（专业目标）实现的系统"[3]；新课程理念的贯穿视角认为，以学生的发展为中心是学校课程体系的价值取向，均衡性、综合性和选择性是其特点，课程功能（目标）、课程结构、课程内容、课程实施、课程评价和课程管理是其构成要素，包括国家课程、地方课程和校本课程三大板块[4]；综合运用系统论的演绎、与课程结构的比较和新课程理念的贯穿研究视角提出学校课程体系的定性是：

学校在宏观把握教育目标的基础上，在国家、地方、学校三级管理体制不变、国家课程设置不变、学生基础性发展目标不变的前提下，对现行国家、地方课程内容进行适当整合重组，提高实施质量，依据学校育人理念、学生需要、校内外教育资源，进行校本课程、隐性课程科学规划和建设，进而构建学生发展所需要的、具有学校特色的、融显性课程与隐性课程为一体的学校课程体系。[5]

---

① 辞海编辑委员会：《辞海（缩印本）》，上海辞书出版社，1989，第 257 页。
② 杨树勋：《现代高等教育学》，化学工业出版社，1999，第 97~98 页。
③ 胡弼成：《高等学校课程体系现代化研究》，博士学位论文，厦门大学教育系，2004。
④ 杨九俊：《建设新课程——江苏基础教育课程改革的实践与理论探索》，人民教育出版社，2008第 10~12 页。
⑤ 丰际萍、杜增东、李梓：《学校课程体系建设的研究与实践》，《当代教育科学》2011 年第 14 期。

该定性视角既融合了系统论的演绎视角对课程间关系的强调,也融合了与课程结构的比较视角所认为的学校课程体系等于课程结构,还把新课程理念的贯穿视角融入进来,应该说它对学校课程体系内涵的认识较为详尽周全,具有时代性。提取这一认识所涉及的方面或核心要素,并以此为维度,依据在这些维度上的清晰度,辨析与学校课程体系相近或类似的概念如校本课程、学校课程等(见表1-1),能凸显学校课程体系的特征,利于把握学校课程体系的内涵和外延。

表1-1　学校课程体系的特征

	价值取向	开发主体	目标	内容(广)	内容(窄)	结构
课程						
校本课程	▲	▲	▲	△	▲	
学校课程	▲	▲	▲	▲		
课程体系						▲
学校课程体系	▲	▲	▲	▲		▲
课程改革						
学校课程体系建设	▲	▲	▲	▲		▲

说明:

1.标注"▲"者表示该项在某一维度上的内涵较为清晰。

2.标注"△"者表示该项在某一维度上的内涵在某一语境下是较为清晰的。

(一)学校课程体系与课程

作为一般意义上的"课程",它在价值取向、开发主体、建设目标和内容、结构维度上都没有具体明确的所指。它的价值取向可能是学生发展取向,也可能是社会适应取向,还可能是社会创生取向;开发主体可能是教师,也可能是专家学者、行政官员等;建设目标和内容更是可以有多种可能。在结构维度上,虽然对于作为单数的具体课程,不管是把它看作是学科,是教材,还是经验,"课程"本身就是成体系的,但就作为复数的"课程"看,课程间就不一定是成体系的了。在"课程"一词后追加"体系",应该是意在强调作为复数的课程的体系特征,即凸显课程体系的结构性。学校课程体系就是如此。并且,由于它是以校为本的建设,其价值取向和建设目标都必须是在遵循国家教育方针的基础上,对具有学校自身特色的办学理念和学生培养目标的体现和具体化;开发主体主要是学校的全体师生;课程内容是在开齐开足国家课程的前提下,依据学校办学理念和学生培养目标,通过国家课程和地方课程校本化以及校本课程的开发,而形成的学校自己需要的知识和能力、过程和方法、情感态度和价值观。

(二)学校课程体系与校本课程

有人从"校本的课程开发"和"校本课程的开发"两个角度,把校本课程分为狭义的即国家授权和预留给学校开发的那部分课程,和广义的既包括了国家授权和预留给学校自己开发的课程,也包括对国家课程和地方课程的校本化后的课程。与狭义的校本课程相比,学校课程体系与其在价值取向、培养目标和开发主体方面具有同一性,两者的价值取向和培养目标都必须是贯穿学校办学理念和学生培养目标,学校师生是其课程开发的主体。但在课程内容和结构上有所不同,如前文所讲,学校课程体系在内容上还包括了校本化后的国家课程和地方内容,在结构上凸显课程间的关系,而狭义的校本课程则不然。与广义的校本课程比较,除了校本课程并不能凸显课程间的关系之外,两者在其他维度上具有一致性。

(三)学校课程体系与学校课程

可以说,一般提到的"课程"就是指学校教育教学的内容或载体,但即使是这样,由于其较为中性,它本身并不能彰显出价值取向、开发主体、目标等身份特征。在"课程"之前以"学校"限定,虽有语义重复之嫌,却能凸显出课程开发的价值取向、主体、目标和实施者等。也就是说,较之"课程","学校课程"强化了课程对学校办学的价值取向、学生培养目标的贯彻和学校作为课程实施者的明确,弱化了国家、地方和校本课程的身份认同。但是它在强调学校课程间的关系即结构性方面并不凸显。"学校课程体系"就是在"学校课程"的基础上凸显学校课程间的结构性。而这一凸显实现的前提是必须进行国家课程、地方课程的校本化,或这两类课程的重新开发。

(四)学校课程体系建设与课程改革

学校课程体系建设在课程改革的范畴之内,是课程改革在学校层面的实践状态之一。除了两者在概念外延上的区别外,学校课程体系建设强调课程改革的学校本位、课程与学校价值取向、学生培养目标等方面的一致,以及课程间合理关系的建构。

综合以上辨析,关于学校课程体系的内涵可作如下表述:学校基于其价值取向(办学理念)和学生培养目标的需要,通过协调国家课程、地方课程和校本课程,或学校开发新课程,或对国家课程和地方课程进行再开发,从而构建课程间整体性的课程改革。它包括宏观的课程设置,即课程间关系的协调;中观的课程内容的组织,即具体课程中各内容间关系的协调;微观的教材内容的呈现,即具体课程的教材中各内容间关系的协调。共三个层次。涉及以下紧密相关的三个方面:第一,学校课程体系建设是在学校范围内进行的有目的、有组织、有计划实施的课程实践及其效能,包括课程领导、课程规划、课程开发与实施及课程评价等;第二,在进行课程决策、规划、开发、实施和评价等学校课程体系建设中必须贯穿学校价值取向(学校核心办学理念)和学生培养目标;第三,学校作为学校课程体系建设的主体,需要有效协同各方面的力量,如校长、教师和学生等人的课程建设能力,并有效整合各方面的资源,如社会、社区和家庭的有效参与等。这就需要发展课程建设主体的课程愿景、理解、协同及创造等方面的能力。(见图1-1)

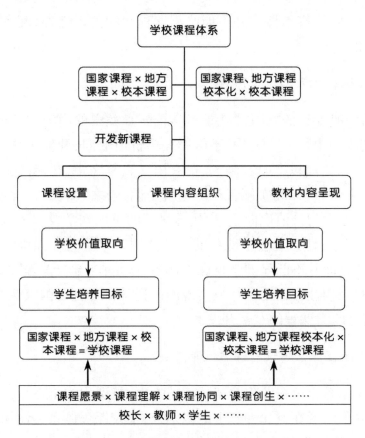

图1-1 学校课程体系建设的内涵示意图

二、学校课程体系建设的要素

除了课程理念、目标、内容、组织(课程结构)、实施和评价等课程建设的常规要素之外,学校课程体系建设还需对学校课程背景、办学核心理念、学生培养目标、课程更新等要素着重关注。其中,学校课程背景是学校课程体系建设的前提和基础性工作,是建设学校课程体系的根源。它是"将课程背景的整体分为各个部分、方面、因素和层次,并分别加以考察,找出它们的本质属性和彼此之间关系的认识活动"①,其目的"在于细致地寻找能够解决课程问题的主线,并以此解决课程问题"②;学校办学核心理念和学生培养目标是学校课程体系建设的灵魂,是一切建设工作的出发点和落脚点;课程更新是学校课程体系建设持续学校本位的保障,是持续落实学校核心办学理念和学生培养目标的实事求是的需要。

三、学校课程体系的结构

就学校课程体系各要素间的关系来看,学校课程背景作为前提性因素,是其他因素之所以是这样而不是那样的缘起;学校办学核心理念和学生培养目标是除学校课程背景之外其他要素的灵魂和统帅;课程目标、课程内容、课程组织、课程实施、课程评价和课程更新等是办学核心理念和学生培养目标的贯彻和体现。基于此,再结合当前基础教育课程改革规划的"学习领域——学科(课程)——模块"的课程建设方式,以及各课程在达成学校办学理念和学生培养目标中的地位,学校课程体系结构的纵切面为:理念层(办学核心理念)、目标层(学生培养目标)、学习领域层、课程层、模块层(分类模块和分层模块)、实施层、评价层和更新层;横切面为:基础类课程、拓展类课程和探究类课程等类似的课程类型或学习领域。(见图1-2)

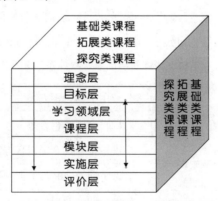

图1-2 学校课程体系的结构示意图

其中,纵切面各层次之间首先呈现出从理念层、目标层直到评价层的垂直

---

①上海教育委员会教学研究室:《学校课程计划编制实践指南》,华东师范大学出版社,2014,第3页。

②同上。

贯穿关系，其次表现为学习领域层、课程层、模块层与实施层、评价层的双向贯通反馈的关系；横切面呈现出以基础类课程为基点，拓展类课程侧重对这一基点做面上的扩展，探究类课程着重对这一基点的某一部分做纵向的延伸。（见图1-3）

图1-3　学校课程体系横切面类型的关系示意图

四、学校课程体系的类型

借用校本课程类型划分的经验，依据建设的动因，学校课程体系可分为学校内部自发建设和回应外部指令建设两大类型。前者是指学校课程体系建设是由学校内部成员自行发现问题，主动寻求解决问题的对策，开发课程，建设学校课程体系；后者是指基于上级教育行政部门的要求或学校外部的压力，学校被动作出的反应。依据学校课程体系与国家课程体系的关系，可如表1-2所示，分为在全国课程框架内的建设和超越全国课程框架的建设两大类。[①]

表1-2　学校课程体系与国家课程体系的关系类型表

在全国课程框架内	1.选用全国课程方案
	2.调整全国课程方案
	3.进一步开发全国课程方案
超越全国课程框架	1.做短期的即时性的课程创新
	2.做长期的课程创新

依据学校课程体系在学习领域和课程层面建设的方式，它可分为课程新编类、拓展类、补充类、整合类、改变类、选择类。

依据学校课程体系横切面即课程间的关系，学校课程体系的类型可分为基

①崔允漷：《校本课程开发：理论与实践》，教育科学出版社，2000，第79页。

础类型,包括树状型和块状型;复合类型,包括树状—块状型和块状—树状型。

(一)基础类型

1.树状型

课程间具有主干和枝叶的关系。主干课程作为具体学段的基础课程,把公认的基础知识、基本能力和良好习惯、健康情感作为主要内容。枝叶课程作为具体学段的辅助课程,它体现着社会发展的某种趋势和学生个性发展的某种需要。(见图1-4)

图1-4 学校课程体系的树状型示意图

2.块状型

根据学科结构理论和智能结构理论,把课程设置成模块,根据办学核心理念和学生培养目标的需要,对各课程模块进行拼搭。其中,模块间处于相对独立并列的关系。(见图1-5)

图1-5 学校课程体系的块状型示意图

(二)复合类型

1.树状—块状型

先以主干课程和枝叶课程的方式建设学校课程,再以设置模块的方式建设主干课程和枝叶课程。(见图1-6)

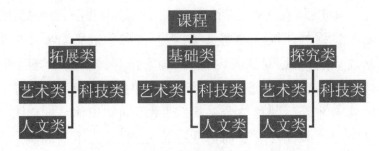

图1-6 学校课程体系的树状—块状型示意图

2.块状—树状型

先以设置模块的方式建设学校课程,再以建设主干课程和枝叶课程的方式设置模块课程。(见图1-7)

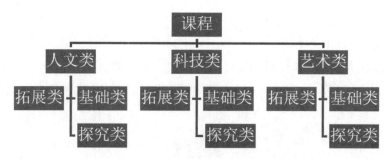

图1-7 学校课程体系的块状—树状型示意图

五、学校课程体系建设的方式

学校课程体系建设包括了办学核心理念的提炼、学生培养目标的确立和课程的管理、实施和评价等多个方面,其中既有宏观的学校课程的建设,也有中观的具体课程的开发,还有微观的具体课程内容的呈现和实施。在建设方式上它们也是各有侧重,各有所属。这里论述的建设方式一是假定学校的办学核心理念和学生培养目标既定;二是侧重从学校课程体系整体的角度,弱化从学校课程体系建设具体方面的角度展开讨论;三是包括了学校课程的开发方式、体系化方式和实施方式三个方面。

(一)学校课程的开发方式

1.新编、拓展、补充、整合、改编、选择

考虑到吴刚平、崔允漷、徐玉珍等人关于校本课程开发方式的研究包括校本的课程开发,那么,他们的这些研究成果也适合于学校课程的建设。如"课程选择、课程改编、课程整合、课程补充、课程拓展和课程创编"等都可以作为学校课程开发的方式。其中:课程选择是指"从众多可能的课程项目中决定学校付诸实施的课程计划的过程";课程改编则是"对于原有课程准备对象不同的群体进行的学程上的修改,或者根据对课程内容、结构安排等的不同理解而进行的调整。在校本课程开发中的改编主要是指教师对正式课程的目标和内容加以修改以适应他们具体的课堂情景";课程整合是指"超越不同知识体系而以关注共同要素的方式来安排学习的课程开发活动";课程补充则是"为了提高国家课程的教学效率而进行的课程材料开发活动";课程拓展是指"以拓宽课程的范围为目的而进行的课程开发活动";课程创编是一种全新的课程单元开发。

2.分类、分层、专项、综合、特需

借鉴北京市十一学校的做法,把具有严密逻辑体系的数学、物理、化学和生物课程,按照课程难度进行分层设计;把不具有严密逻辑关系的语言类课程语文和外语,按照主干课程＋补弱类和提升类自选课程模块进行分类设计;把如信息技术或通用技术类的技术课程,依据行业类别,做专项规划;把具有单一特点的艺术专业技能技巧的训练,把历史、生物、政治等课程中需要经由体验方能获得的课程内容,需要动手实验的课程内容,分别综合设计为个体的技能学习和团队合作、交往、妥协品质的培养的戏剧课程,综合主题形式的游学课程,综合专题、项目研究形式的高端科学课程。此外,还设计了专门满足极个别学生特殊需要的书院课程。并且,这些课程的开发方式及结果并不是相互独立的,他们是"分类与分层、专项与综合相互交叉,分类中有分层,分层中有分类,专项中有综合,综合中有专项"[1]。

(二)学校课程的体系化方式

1.细化

学校课程体系建设既需要实现其纵向上的各层面间的贯通,特别是学习领域层、课程层、模块层等对办学核心理念和学生培养目标的落实,也需要学校课程体系横向上各层面间的联结。而这些实现的前提是办学核心理念和学生培养目标、课程目标和课程内容的细化,即对这些方面的关键要素的提炼和扩充。只有通过对办学核心理念和学生培养目标的提炼和扩充,才能够既为学校课程建设及其实施提供具体的指引和依据,也为课程的归类提供学习内容的类型或学习领域与范畴。通过对课程目标的细化:一是利于明晰具体课程的具体指向,从而实现在目标层对其应属于哪一类型或领域、范畴的划分;二是利于发现在课程目标层面课程间的关系情况。通过对课程内容的细化,能够找出不同课程的课程内容的交叉、重复或互补的情况。

2.筛选

以办学核心理念和学生培养目标细化后的结果作为筛子,对国家课程、地方课程和校本课程进行筛选。其中,通过对前两类课程的筛选,选择需要补充的课程和学校课程的具体建设方式;通过对已有校本课程的筛选,决定它们在学校课程体系建设中的去留。对于国家课程的筛选见表1-3。

---

[1]李希贵、秦建云、郭学军:《构建可供学生选择的普通高中学校课程体系的实践研究》,《教育学报》2014年第1期。

表1-3 国家课程筛选表

必修课程	培养目标																		
	政治方向	人生观	事业心	奉献精神	文明礼貌	自立能力	知识技能	自学能力	学习方法	创新精神	解决问题	体锻习惯	保健能力	审美能力	意志品质	应变能力	劳动观点	择业能力	生活技能
政治																			
语文																			
数学																			
外语																			
物理																			
化学																			
生物																			
历史																			
地理																			
体育																			
艺术																			
劳动																			
合计																			

3.归类

学校课程体系建设是对课程建设的整体规划,包括把课程内容、课程实施、课程评价等归属于某些类中,形成"类",或"领域",或"范畴"下的分科课程设置,利于这种整体性的实现。归类的方式大致为:在课程方面,一是依据课程的内容属性,把课程分别归类于科技、身心健康、艺术、生活技能等学习领域;二是依据课程在学校教育中的位置,把它们分别归属于必修课程、选修课程;三是依据课程学科类型,把其分别归于学科课程、活动课程等。在实施方面,依据不同课程实施方式的共性,把具有共同实施方式的课程划分在一起。在评价方面,亦是如此。

4.构图

构图就是学校课程体系的图示化呈现。它至少应呈现出办学核心理念、学生培养目标、学习领域、课程(模块)、实施、评价等要素,还应能够呈现出这些要素间的各种关系样式。它既可以作为学校课程体系建设前的规划构想,也可以作为建设中的基石,但必须作为建设阶段性成果的整体展现。

（三）学校课程的实施方式

1.齐头并进

学校课程体系建设是学校教育教学各个层面和环节的整体性改革,而不仅限于课程层面。它的良好开展需要学校的行政管理、教育教学、课程与教学研究和教育评价等各方面的相应改革予以配合。仅在课程层面,它也不限于课程设置或内容的校本化,而是需要开展课程目标、课程内容、课程实施和评价等各个方面的整体改革。

2.分进合击

不论是学校教育教学工作中的行政管理、教育教学、课程与教学研究等方面,还是具体课程方面的如课程目标、内容和实施及评价等,在任务上都应具有独当之任,在实施途径和方式上可以各具特色。特别是在不同学习领域或类型之中的各门课程,它们在任务分担和实施途径方式上更应该是各有所重,不能强调其整齐划一。只要求学校教育教学与课程的各个方面和层面所分担的任务是办学核心理念和学生培养目标的体现,它们的实施途径和方式始终贯穿着办学核心理念和学生培养目标,学校课程体系建设的最终所指是对办学核心理念和学生培养目标的落实。

六、学校课程体系建设的流程

学校课程体系建设的目的就是为了更好地满足学校及其学生的差异性与多样性而进行的有计划的教育改革。所以,每一所学校的课程体系建设活动的目标和内容都有其特殊性。学校课程体系建设的流程也只能涉及学校课程体系建设的一般问题,而不可能也没必要穷尽每一所学校开展课程体系建设的具体活动细节。也就是说,它只能在大致框架上勾画出学校课程体系建设的操作流程。这个"大致框架"除包括学校课程建设的常规流程:"组织建立—现状分析—目标拟定—方案编制—解释与实施—评价与修订"[①]外,还包括了两种情况下的特殊操作流程:一是国家课程和地方课程开足开齐,校本课程开设充裕;二是国家课程和地方课程开足开齐,校本课程开设欠缺。

---

① 吴刚平:《校本课程开发》,四川教育出版社,2002,第120页。

（一）国家课程、地方课程开足开齐，校本课程开设充裕情势下的学校课程体系建设流程

国家课程、地方课程开足开齐，校本课程开设充裕情势下的学校课程体系建设流程包括以下几个环节：首先，国家课程和地方课程的校本化建设与以办学核心理念和学生培养目标筛选已有的校本课程；其次，依据细化后的办学核心理念或学生培养目标，分类出各种课程类型或学习领域，把国家课程和地方课程的校本化与校本课程的筛选结果分别归入相应的类别中；再次，将校本化和筛选后的国家和地方课程及校本课程中可整合的课程开发为整合课程，可分层、分类的课程设置为模块课程；最后，进行课程的实施、评价、更新等步骤。

（二）国家课程、地方课程开足开齐，校本课程开设欠缺情势下的学校课程体系建设流程

国家课程、地方课程开足开齐，校本课程开设欠缺情势下的学校课程体系建设流程除了须有上一流程的各个环节外，需要做的是进行校本课程的开发。关于校本课程开发的流程，就现有研究和实践成果来看，在课程开发的组织方面可参考图1-8[1]；在课程开发的操作环节上可参考图1-9[2]；在课程开发的实施方面可参考表1-4[3]。另外，这些流程对校本课程的理解是一种"校本的课程开发"的理解，其也包括了国家课程的校本化。在这个意义上，这些流程对于学校课程体系建设的流程同样适用。

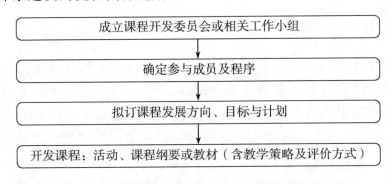

图1-8 托马斯的校本课程开发流程示意图

---

①崔允漷：《校本课程开发：理论与实践》，教育科学出版社，2000，第76页。
②杨龙立：《校本课程的设计与探讨》，广东教育出版社，2005，第5页。
③吴刚平：《校本课程开发》，四川教育出版社，2002，第120页。

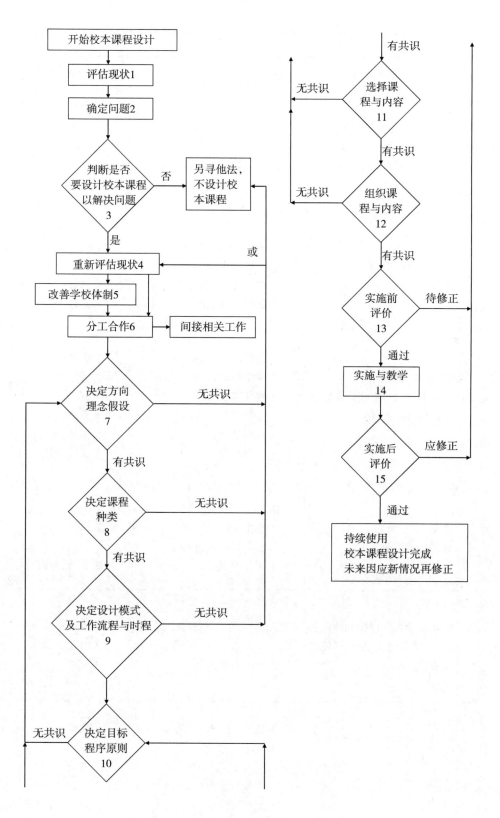

图1-9 校本课程开发操作环节示意图

表1-4　校本课程开发实施方面流程表

	主要议题	参与人员	角色定位
组织建立	成立课程委员会及相应工作小组、确立参与成员及工作程序、进行校本课程开发准备	1.教师、主任与校长； 2.学生； 3.校外咨询人员； 4.学校行政人员	1.决策、讨论； 2.讨论、决策； 3.咨询； 4.支持
情境分析	进行需求评估、问题反思、资源调查	1.教师、主任与校长； 2.学生与家长； 3.校外咨询人员； 4.学校行政人员	1.决策、讨论； 2.讨论； 3.咨询； 4.支持
目标拟定	澄清教育哲学思想、确立一般目标与具体目标	1.教师、主任与校长； 2.学生与家长； 3.校外咨询人员； 4.学校行政人员； 5.政府部门； 6.工作小组	1.决策； 2.讨论； 3.咨询； 4.支持； 5.咨询、督导； 6.支持、讨论、咨询
方案编制	确立工具与方法、选择课程材料与组组形式	1.教师、主任与校长； 2.学生与家长； 3.校外咨询人员； 4.工作小组	1.决策； 2.讨论； 3.咨询； 4.支持、咨询、讨论
解释与实施	强化教育哲学思想和特色意识、营造条件与氛围、统筹教育资源	1.教师、主任与校长； 2.学生； 3.校外行政人员	1.决策； 2.讨论； 3.支持
评价与修订	设计监控和交流系统、准备评价方案，追踪实施效果、收集反馈意见、修订课程与课程开发方案	1.教师、主任与校长； 2.学生与家长； 3.校外咨询人员； 4.学校行政人员； 5.政府部门	1.决策； 2.讨论； 3.咨询； 4.支持； 5.支持、咨询、督导

七、学校课程体系建设的策略

(一)把国家课程、地方课程和校本课程均看作是学校自己的课程

国家课程、地方课程和校本课程的三级划分是从课程管理角度对课程主体的权利和责任的明确,"并不是一种课程形态上的划分,更不存在说哪一级课程是高级的或重要的,哪一级课程是低级的或次要的"[①]。然而,可能是缘于这一划分所标识的主次或主从课程主体间的关系,中小学的课程体系建设大多是校本课程的开发,往往不敢越国家课程和地方课程的雷池。这就造成多样的校本课程与国家课程或地方课程之间的匹配失调、内容重复,以及多数校本课程的有名无实。毕竟中小学的总课时一定,国家课程和地方课程不动,再多样化的校本课程在所占总课时比例较之国家课程和地方课程而言最为有限的状况下,操作上就失去了落实的可能,意在通过课程创新彰显办学特色,践行学校办学理念和学生培养目标的追求,也就难以达成。所以,学校课程体系建设首先需要的是在认识层面上扫除三级课程的管理分类误导的束缚,特别是要摒弃关于国家课程、地方课程或校本课程间存在等级差异的不当认识,形成不论是校本课程,还是地方课程或国家课程,在实践层面它们都是学校在实施相关课程政策的前提下,可以创造性地建设学校自己的课程。

学校自己的课程(以下简称"学校课程")这一认识的形成,能够促进学校开展课程的整合开发、整体规划以及协同推进学校教育教学工作的方方面面,从而形成充分体现学校办学核心理念和学生培养目标的课程体系。因为"学校课程"较之一般意义上的"课程",它在价值取向、开发主体、课程目标、课程内容等方面的所指更为具体明确。其价值取向和课程目标不仅要遵循国家的教育方针和课程政策,还应该是学校办学核心理念和学生培养目标的体现和具体化;开发主体必须是以学校自己的师生为主;其课程内容不限于国家课程内容、地方课程内容及校本课程内容的并列,而是强调依据学校办学核心理念和学生培养目标对这三类课程的内容整合。从这一意义上讲,要形成"学校课程"的认识,首先需要学校具有明确具体的办学核心理念和学生培养目标,并把它贯穿于学校教育教学的全过程和各个方面;其次,要充分挖掘和培养全校师生的课

[①]教育部基础教育司:《走进新课程——与课程实施者对话》,北京师范大学出版社,2002,第191页。

程领导力,使其成为名副其实的学校课程开发的主体;最后,要把课程整合作为学校课程体系建设的主要方式,实现学校课程间的横向贯通和纵向加深。

（二）以学校办学核心理念和学生培养目标统领学校工作的全过程和各个方面

学校办学核心理念和学生培养目标处于学校课程体系机制的最顶端,是学校课程体系建设的灵魂和统帅。[1]学校课程体系建设不限于学校课程领域,它是关于学校教育教学各个层面和环节的整体性创新。它除了需要进行课程理念、课程目标、课程内容、课程组织(课程结构)、课程实施和课程评价以及课程更新等方面的创新外,还需要学校文化、课程教学、学校管理、教学研究与评价等各个层面和环节的学校工作进行相应的创新与之匹配。因此,学校办学核心理念和学生培养目标对学校课程体系建设的统领就是要在学校教育教学各个层面和环节中体现和贯穿学校办学核心理念的精神和学生培养目标的要求。这就需要学校课程体系建设的每一个步骤和每一个方面都应该是以学校办学核心理念和学生培养目标为指引,形成学校课程体系建设是基于学校办学核心理念和学生培养目标的意识。

具体来说,学校办学核心理念和学生培养目标的统领方式可归结为:细化与筛选。所谓"细化":一是指对学校办学核心理念和学生培养目标关键要素的提炼和扩充;二是学校办学核心理念和学生培养目标对学校各项工作的渗透。所谓"筛选",就是以学校办学核心理念和学生培养目标及其细化后的相关内容为筛子,对学校方方面面工作进行筛选,寻找出学校工作的哪些方面需要强化,哪些方面需要改革,哪些方面需要剔除,哪些方面需要弥补。如:通过对国家课程和地方课程的筛选,选择学校课程创新的具体方式和需要补充的课程内容;通过对校本课程的筛选,决定出原有校本课程的去留以及需要增设的课程有哪些。

（三）把课程整合作为学校课程体系建设的首选切口和主要方式

学校办学核心理念和学生培养目标对学校全面工作的统领,并不意味着学校课程体系建设的过程是学校各方面工作的齐头并进。恰恰相反,在学校课程

---

[1]上海教育委员会教学研究室:《学校课程计划编制实践指南》,华东师范大学出版社,2014,第3页。

体系建设的起初阶段,课程整合往往是学校课程体系建设的第一步,是引发学校其他方面工作改革的引擎。因为学校课程方面的改革侧重对教育教学合理性问题的解决,其他方面的改革更多的是以教育教学的有效性为直接追求。合理性是有效性的前提,合理性的变革必然需要和引起有效性的变革。具体来说,就是学校教学等方面的成功改革很大程度上依赖学校课程改革的整体推进。如果学校课程方面没有进行相应的改革,客观上就会制约学校教学等方面改革的实现,甚至会消解这些改革的努力。况且,"目前课程教学改革进入全面深化阶段","改革的重点是如何通过课程的深度整合对学校课程进行全面系统的规划与设计,充分体现学校办学理念和办学特色"[1]。

关于课程整合的形式,从不同的角度有不同形式的分类,如科目本位的单一科目之内的课程整合形式,相关课程与多学科课程的维持原有科目界限的跨科整合形式,广域课程、核心课程与科际整合课程的科目交融的跨科整合形式,超学科课程、经验课程的超越科目界限的课程整合形式等。[2]至于学校课程体系建设过程中应该使用哪类课程整合形式,除了依据学校的实际情况外,田慧生在《落实立德树人根本任务 全面深化课程教学改革》一文中认为由于现在同一学科里还存在着内容的重复、交叉、割裂和重点难点不突出等问题,"现在对学校来说,重点在于学科内部的纵向整合"。整合的重点是依据学科核心思想、学科关键问题、学科核心素养目标,梳理整个学科体系的知识,并进行必要的归并、精简、整理、补充、加工、调整。

(四)紧扣"学校课程"研制学校课程体系建设方案

学校课程体系建设需要从顶层设计的角度对学校课程进行全面规划与整体安排。学校课程体系建设方案作为顶层设计的文本化呈现,是学校诠释和落实国家课程、地方课程和校本课程方案后的具体体现,是学校课程体系建设的实践蓝图,对学校课程体系建设目标的明确清晰、行为的科学合理、过程的张弛有度,结果的意料之中具有积极作用。对其的研究制订需要学校及其教师的充分参与和教师间的精诚合作,可以依照前文"学校课程"的要素、结构和类型研究制订学校课程创新方案的框架、图示及课程规划。

---

①田慧生:《落实立德树人根本任务全面深化课程教学改革》,《课程·教材·教法》2015年第1期。
②周佩仪:《课程统整》,复文图书出版社,2003,第77页。

第二章　设计与实施

在进一步深化课程改革,推动学校课程建设的过程中,学校需要在保证开足开齐国家课程的基础上从纵向和横向两个层面有效建构属于自己的特色性学校课程体系。

在纵向上,要清晰地认识课程改革的背景以及学校自身所拥有的资源,确立明确的办学核心理念和学生培养目标,并将此理念和目标融合到学习领域层、课程层和模块层中,通过实施层和评价层,层层推进,建立有效的操作体系,保证课程改革的顺利进行。在横向上,根据办学理念和培养目标,构建合适的课程体系类型,处理好基础类、拓展类和探究类课程的关系。之后,学校和教师面临的主要问题便是如何根据不同类别课程的特性,在全面优化基础类课程的同时,不断丰富和开发拓展类课程和探究类课程,促进学生的全面和个性化发展,培养学习兴趣。

拓展类课程由于涉及学科门类多,活动形式多样,需要广大教师根据自己的兴趣、特长和学识,积极参与课程开发,丰富拓展性课程资源,建立完善的拓展类课程群。2015年,根据《教育部关于全面深化课程改革　落实立德树人根本任务的意见》,浙江省教育厅下发了《浙江省教育厅关于深化义务教育课程改革的指导意见》。该意见要求各地和学校开齐开好两类课程,在开齐开好基础性课程的同时,积极探索拓展性课程的开发、实施、评价和共享机制,体现地域和学校特色,突出拓展性课程的兴趣性、活动性、层次性和选择性,满足学生的个性化学习需求,并且规定了每学年拓展性课程课时占总课时的比例一至六年级15%左右,七至九年级20%左右。[1]可见,该意见将拓展性课程的开发作为深化义务教育课程改革的一个重点。另外,值得注意的是,与我们将课程分为基础类、拓展类和探究类三大类别不同,浙江省的这份文件采用的是二分法,将课程分为基础性课程和拓展性课程两大类,并把拓展性课程分为知识拓展、体艺特长、实践活动三大类别,将知识拓展类课程界定为包括了学科研究性学习、学科专题教育、地方历史和文化

---

①浙江省教育厅:《浙江省教育厅关于深化义务教育课程改革的指导意见》,http://jyt.zj.gov.cn/art/2015/3/31/art_1229106823_614182.html,访问日期:2020年4月28日。

教育等课程,所以实际上是将探究类课程归属为拓展性课程中的一部分,并集中归属于知识拓展类课程。[①]同年,浙江省又下发了专门聚焦于拓展性课程的《浙江省教育厅办公室关于建设义务教育拓展性课程的指导意见》,要求"加强拓展性课程的建设,紧紧围绕立德树人,着力于优化学校课程结构,培育学校办学特色;着力于实施因材施教和个性化教育,提高学生的学习兴趣和综合素质;着力于转变育人模式,推进素质教育,促进学生全面而有个性的发展,并进一步明确了拓展性课程开发过程中的多样性、层次性、综合性和实践性原则"[②],进一步推进了拓展性课程的开发与建设。

由于探究类课程知识性丰富,有着其特有的课程设计逻辑,所以我们这里仍采用三分法,即将课程分为基础类、拓展类和探究类,且集中研究拓展类课程的设计与实施。拓展类课程涉及内容宽泛,不同内容又存在很大的差异性,教师在实际开发过程中往往会遇到诸多问题,比如:我到底适合开发哪种拓展性课程? 哪些内容可以开发成拓展性课程? 不同类别的内容在开发和实施过程中有何差异? ……为了解决这些问题,我们以小学阶段为例,在拓展类课程可以涵盖的领域中经过分类、筛选和细化,选择了社会服务活动、劳动技术与生活实践、传统手工艺制作、艺术创意设计与制作、技术操作与设计、信息技术、职业认知与体验、自我身份认同和多元文化八大类,从目标的制订、内容的选择和组织、课程的实施和评价等方面,尽可能地呈现不同类别拓展性课程在开发过程中的特点与差异性,探讨内容设计和实施中的多种可能性,以供广大教师参考。

但是值得注意的是,以下的探讨主要基于该种拓展性课程的类别和形式而言,没有考虑到不同学校在背景和资源方面的差异性,以及学校课程体系建设的情况。所以,在展开课程开发实践时,教师还必须根据学校的课程改革背景和办学核心理念进行调整,基于学校整体的课程体系建设,并针对不同年龄段,丰富优化拓展性课程。

一、社会服务活动类拓展性课程

教育是一个开放的过程,陈鹤琴先生说"大自然大社会就是活教材",教师要善于利用社会资源,从社会中发掘更多的课程资源。教育发展需要获得大量

①浙江省教育厅:《浙江省教育厅关于深化义务教育课程改革的指导意见》,http://jyt.zj.gov.cn/art/2015/3/31/art_1229106823_614182.html,访问日期:2020年4月28日。

②浙江省教育厅办公室:《浙江省教育厅办公室关于建设义务教育拓展性课程的指导意见》,http://jyt.zj.gov.cn/art/2015/9/18/art_1532973_27485178.html,访问日期:2020年4月28日。

社会资源的支撑,但是教育同样具有反哺社会、服务社会和推动社会发展的功能。所以,社会服务活动类拓展性课程能架构起学校和社会沟通的桥梁,实现教育和社会的双向服务功能。

一般来说,公益性的社会服务活动可以分为社会宣传类、社会互助类、社区服务与公益劳动类。社会宣传类主要是根据特定主题宣传的需要,走进社区、街道或相关单位进行法制、环保知识、交通安全、健康防病等知识的宣传;社会互助类是参与者以自身的知识或技能帮助他人、关爱他人,如敬老爱老活动、学习结对活动等;社区服务与公益劳动主要是利用自己的劳动服务社会,如打扫社区卫生、绿化环境、维持秩序等。这几种活动的形式、目的和对参与者自身能力的要求都存在一定差异性,但是其最终目的都是利用自身的能力为社会提供一定的帮助。所以,社会服务活动类拓展性课程是教师从教育反哺社会的角度,帮助学生从社会服务中获得学习和体验,以参与公益活动为主体架构的一系列课程。这类课程突破了学校的围栏,学生在教师的指导下走出教室,参与社会活动,以自身的知识、能力或劳动服务于他人或社会,同时也在服务过程中获得知识,增长见识,提升能力,充分体现了教育的跨时空性与社会实践性。

(一)社会服务活动类拓展性课程目标的确定

从目的上看,社会服务活动类拓展性课程具有"服务"与"学习"的双重属性。一是作为社会服务活动,活动本身具有服务社会的功能;二是作为一种教育活动,课程本身具有教育性,必须指向于学生知识、能力与价值观的学习和提升,包括了解社会知识,掌握社会服务技能,提升社会服务实践能力,培养社会服务意识,从而成长为履职尽责、敢于担当的人。所以,设计与实施这类课程时必须同时关注活动的外在服务性与内在提升性。且由于受到小学生年龄的限制,必须以教育性为主,服务社会为辅。

教师在确定课程目标时,需关注社会服务对象的特殊性,从知识与技能、过程与方法、情感态度与价值观三个方面来确定具体的目标,其中,每个目标维度的设计都需要考虑多个层面,具体目标层面见表2-1。

表2-1 社会服务活动类拓展性课程的三维目标

目标维度	目标层面
知识与技能维度	1.服务主题相关的知识与技能; 2.服务对象相关的知识与技能; 3.服务过程相关的知识与技能
过程与方法维度	1.服务对象需求分析的过程与方法; 2.服务方案制订的过程与方法; 3.服务方案执行的过程与方法; 4.对服务过程反思与分享的过程与方法
情感态度与价值观维度	1.与服务社会活动相关的社会服务意识的提升,社会责任感与使命感的培养; 2.学生自我价值认同感的提升; 3.与活动主题或内容相关的其他价值观的培养

1.知识与技能目标

社会服务过程中承载着大量知识的学习,且不限于该次活动主题相关的知识。课程设计时需从服务主题、服务对象、服务过程、服务后续应用等相关层面,合理设计知识与技能目标。这些知识与技能可能是在正式服务开展之前就需要掌握的,也有可能是在社会服务的实践过程中逐步掌握的。比如,某老师计划在重阳节带领五年级学生走进敬老院,开展"重阳有你很重要——老年健康知识宣传"活动。在正式进入敬老院之前,学生便需要通过调查、访谈、查阅资料等方法掌握老年人群体的相关知识,包括老年人的生活习惯、心理、喜好,以及与老年人沟通交往的技巧。但是,在活动前需要获得的知识更多是一般性的,而非针对本次活动的老年人,因而学生在活动中将有更加深入的认知与了解。另外,学生还需要掌握与本次服务主题或服务过程密切相关的知识与技能,如老年人常见的健康问题与健康知识,以及针对老年人群体进行知识宣传的技能,包括口头语言、肢体动作,以及其他的辅助性沟通方式与技能等。所以,本次活动在知识技能方面的目标便可以设定为:

(1)了解老年人健康方面的常见问题,掌握与老年人生活相关的健康知识;

(2)至少与一名老人深入交流,了解老年人的生活习惯与心理需求,学会与老年人沟通与交流的技巧;

(3)掌握针对老年人进行健康知识宣传的基本技能,如口头交流、肢体动作,以及制作海报等其他辅助性技能。

上述目标中的很多知识与技能需要学生在开展服务活动前就已经有所了解或掌握。但是,由于服务对象的特殊性,大部分知识和技能,如老年人生活习惯与心理、与老年人有效沟通的技巧等,都会因服务对象的不同而不同,需要学生在服务实践中,在与老年人的具体互动中进一步学习和提升。所以在目标设计时,教师既要考虑一般性知识与技能,又要考虑与服务对象相关的特殊性知识与技能,引导学生在服务过程中体验和学习。

2.过程与方法、目标

相比课堂讲授式教学,社会服务活动给学生提供了一种复杂的实践经历,更加考验学生的综合学习能力,如制订活动方案、执行方案,以及在活动中随机应变的能力。所以,在社会服务类课程的目标设计中,教师更应关注学生经验的建构过程,引导学生在实践中体验过程、掌握方法、获得经验、重构知识。

就社会服务活动类课程来说,需要特别关注的过程与方法包括服务对象需求分析的方法与过程、制订服务方案的方法与过程、执行服务的方法与过程,以及活动结束后对服务过程反思与分享的过程等。比如,当前垃圾分类知识已经进入学校课本,各个社区也正在逐步推广垃圾分类。但是不同地区或社区,人们垃圾分类的意识、能力和状况存在较大的差异,所需要的服务方案和内容也将存在很大的差异性。活动开展前教师需要引导学生通过调研等方式进行服务对象的需求分析,并据此制订具体的服务方案,在服务过程中能根据具体的情况适时调整服务方法与过程。所以"垃圾分类从我做起"社会服务的过程与方法目标可以设计为:

(1)能通过问卷、访谈、实地走访等方式,了解社区垃圾分类的具体状况,以及社区居民在垃圾分类过程中所遇到的问题和所需的帮助;

(2)能根据社区居民的需求设计具体、可行的服务方案,方案目标明确,步骤清晰;在服务过程中能细心观察居民的需求和所需的帮助,采取正确的方法应对,态度积极,同伴互助,能及时调整、完善服务方案;

(3)活动结束后能及时反思过程中存在的问题,采用合理的方式总结经验和分享经验。

相比服务效果,上述目标更加关注学生参与服务活动的过程及表现,重点关注方案制订的前期调研,方案制订过程中的针对性与可行性,服务实施过程中的随机应变性,以及活动结束后的反思等。所以,社会服务本身就是一个生成的过程,生成的过程本身就是目标。

3.情感态度与价值观目标

相比上述两个维度目标,情感态度与价值观目标将对学生产生更加深远的影响。例如,印度曾开展了一项"I can"的教育实验,鼓励孩子们走出学校,走上社会,尽他们的能力改变社会:他们教父母认字;去一些作坊体验、感受,然后说服作坊主放弃用童工等。这个活动不仅有效提升了学生的学习兴趣,同时也让他们感受到了自身所蕴含的巨大能量,从而增加了自我认同感,提升了社会责任感。

这类课程的情感目标主要来源于三个层面:一是活动本身的形式,可以让学生感受到为社会服务的乐趣,提升社会服务意识,培养社会责任感与使命感,这也是未来公民教育不可或缺的一部分;二是为社会服务的过程和结果能够让学生意识到自身的价值,提升自我认同感,增强自信;三是与活动相关的一些内容也可以促进学生正确价值观的培养。比如,与医院相关的活动可以让学生更好地了解医生救死扶伤的高尚职业道德,与消防相关的活动则能够帮助学生深入认识消防员的辛苦与危险,而与清洁工相关的活动能使学生更好地了解清洁工的不易,从而树立起职业无高低贵贱的意识,学会尊重不同的职业。所以,在组织学生利用自己的能力为清洁工送温暖的活动中,情感态度与价值观方面的目标可以设计为:

(1)通过观察与交流,感受清洁工工作的艰辛与不易,认识到他们对社会的贡献,尊重环卫工作者,树立职业不分高低贵贱的意识;

(2)能利用自己的特长与劳动为清洁工服务,进一步认识到自己的能力,增强自信,提升自我认同感;

(3)在为清洁工提供服务的过程中,感受为他人、为社会奉献的乐趣,增加社会责任感与使命感。

(二)社会服务活动类拓展性课程内容的选择与组织

社会服务活动的对象来自不同方面,可以是人或机构,也可以是动物、植物或环境。从地域角度来看,还可以是学校、社区、国家或国际社会等不同层面。[①]社会服务的实践性,要求服务的内容和对象必须可感知可实践,因而教师可以通过调查、走访、关注当地新闻等方式梳理、整合学校周边可开发的课程资源。

由于社会服务活动的对象、内容、形式多种多样,所以设计时需综合考虑多方面的因素。

1.从服务对象层次的角度进行课程设计

如果以学生自身为圆心,从服务对象与学生自身关系的角度,课程内容形成了三个相互叠加的同心圆,包括了为家庭服务、为班级或学校服务、为社区或

---

①仲建维:《综合实践活动课程之"社会服务":内涵、价值与实施》,《基础教育课程》2007年第12期。

社会服务三个不同层次的指向,正好构成了学生的生活环境。

第一层次指向于为家庭服务。家庭是社会的最小单位,孩子每天接受着家庭的关爱和付出,引导学生为家庭服务可以培养孩子从身边小事做起的意识,培养良好的劳动习惯,建立家庭责任感,有助于形成和谐的家庭关系。这一层次的内容主要是帮助家人做一些力所能及的事,比如,进行家庭清洁的打扫卫生、整理床铺等,参与厨房事务的洗碗、洗菜、做饭等,关爱父母长辈的活动等,以及对家人进行垃圾分类、防诈等相关知识或政策的宣传等。

第二层次指向于为班级或学校服务。从具体对象看,这类服务一是指向于具体的人,为同学或老师服务,如为学习有困难的同学辅导作业,为家庭有困难的同学提供力所能及的帮助,或者是帮助老师搬仪器以及其他能做的事。二是指向于集体,为班级、为学校服务,如清洁、绿化美化校园,参与校园志愿者活动等。这些服务活动可以培养学生为他人、为集体服务的意识,增强集体荣誉感。

第三层次指向于为社区或社会服务。这类活动将学生的服务范围扩大到了社区或整个社会,包括绿色环保知识宣传、公益知识宣传、关爱特殊群体、赛事志愿服务、公益劳动、公益集市或募捐等。这类服务能帮助学生从小树立公民意识,热心社会公益活动,增强团队合作意识,提升社会责任感。

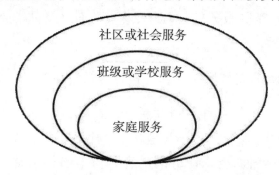

图2-1　社会服务活动类拓展性课程不同服务对象的指向层次示意图

从为家庭服务到为社会服务,学生对服务对象的熟悉程度逐渐降低,提供服务的难度也逐渐加大,所以课程设计时教师可以根据学生的年龄特点和经验增长情况,服务对象由家庭、学校逐渐延伸扩展到校外,在难度和范围上呈现出层递式的设计,具体设计内容见表2-2。

表2-2　依据服务对象的层递式课程内容设计

年级	层次	主题1	主题2	主题3
1-2	为家庭服务	家务劳动我能行	今天我当家	我爱我家
3-4	为班级或学校服务	打扫卫生小能手	我为班级争光彩	校园环保宣传员
5-6	为社区或社会服务	走进敬老院	关爱同龄人爱心义卖活动	小小志愿者

上表中的拓展性课程按照不同的年段,从低到高依次设计了为家庭服务、为班级和学校服务、为社区或社会服务的内容。该课程从每个层面各选取了三个主题,实际设计时可以借助网络图等方式,从服务对象角度和服务内容的角度进行主题的设计。

以为家庭服务为例,家庭服务常见的服务对象就是兄弟姐妹、父母以及爷爷奶奶;从服务内容看,家庭服务的主要内容就是简单的家务劳动、家庭美化活动、厨房劳动、帮助家庭其他成员以及宠物饲养等,教师可以从中选择一个角度进行主题网络建构。如图2-2是从家庭服务对象的角度,以父母、爷爷奶奶和兄弟姐妹为服务对象进行主题网络建构。而图2-3则是从厨房劳动、家庭美化活动、关爱家人、简单家务劳动等常见家庭服务内容的角度进行主题网络建构。

实际上,不管从哪个角度进行主题网络建构,都必须要考虑服务对象和服务内容,两者在最后的主题网络中是互相交叉的。

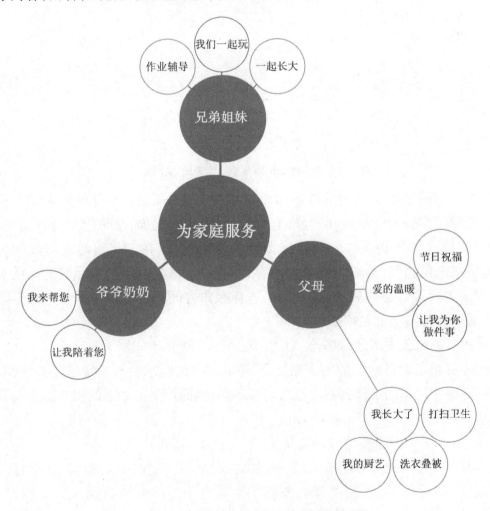

图2-2 家庭服务对象角度的主题网络建构

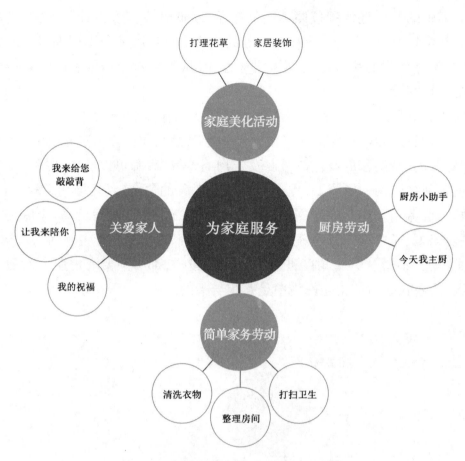

图2-3　家庭服务内容角度的主题网络建构

另外,不同年级所指向的服务对象层级并不是固定的,教师可以根据课程资源的实际情况,调整不同年龄段的服务对象层次。比如,从班级组建开始,教师就需要培养学生为集体和为班级服务的意识,所以在二年级时就可以加入"我为班级出份力"等为班级服务的内容,能更好地适应学生的实际情况。在基本确定了内容设计思路后,具体主题的选择和内容的制订可以根据学生的年龄特点,采用更加灵活的策略来应对。

2.从服务对象需求及服务形式的角度进行课程设计

服务必须与服务对象的需求相契合,不同群体的需求会有一定的差异性,即便同一群体中的不同个体其需求也会有所不同,因而产生了如下的服务需求和服务形式:

(1)为了保持干净整洁或环境优美,需要获得劳动的支持。

这类服务主要是提供相应的劳动,如为家里、教室、校园、街道、社区等打扫卫生、植树绿化等,开展这类课程要求学生具有一定的劳动技能和劳动能力。通过活动能帮助学生更好地发展劳动技能,培养劳动习惯,树立良好的环境保护意识。

(2)因服务对象的特殊性,需要获得物质和心理上的支持。

这类活动的对象往往是一些相对弱势的特殊群体,如老年人、留守儿童、民工子弟学校的学生等,他们需要的不仅仅是物质上的支持,更重要的是心理上的支持。所以活动前需要对服务对象进行深入了解,分析内心需求,根据需求提供"精准"服务。比如开展"走进敬老院"的活动时,如果盲目地打扫卫生,活动可能就无法达到应有的效果,最多也就是"锦上添花"。比起一般工作人员就能完成的打扫卫生外,老年人更需要的可能是有人关爱,想要看到孩子们的笑脸,以及感受孩子们带去的"热闹"。所以给老人们表演节目,陪他们聊天,一起做一些家乡小吃等活动更能达到"雪中送炭"的目的。这些心理上的"服务"往往是由心而发,且直达心灵深处的,能帮助学生了解人生的意义,培养敬老爱老的良好美德。

同样,在为贫困山区的孩子送爱心时,也需要先了解孩子们的真实生活以及真正的需求,才能架构起两地孩子之间的桥梁,使活动不仅仅是简单的文具传递,而是一个知识、爱心互相传递的过程。

(3)因特殊情况需要,社区或社会需要获得对公众进行政策或知识的普及宣传的支持。

这类活动需要学生在校园、社区或其他地方通过制作海报、分发宣传单等方式进行宣传,所以学生需要掌握宣传的方法与技能。设计这类课程时,教师可以特别关注以下特殊的时间点或事件,借助这些特殊点进行课程的构建。

一是结合一些特殊的日子,向公众进行疾病防治、健康生活、安全应急等知识宣传,提高公众安全和健康生活意识。如3月21日为"世界睡眠日",5月31日为"世界无烟日",6月26日为"国际禁毒日"等。二是与社会政策发展导向相结合,进行公益性的宣传,如垃圾分类等环保知识的宣传。同时也可以结合一些特殊时间点,如3月22日为"世界水日",4月22日为"世界地球日",6月5日为"世界环境日"等。三是结合相关的纪念日或社会事件进行宣传,帮助公众更好地认识相关职业或群体。比如,5月12日和8月19日分别是"国际护士节"和"中国医师节",教师可以利用这些节日,组织学生开展宣传活动,既提高学生对这些职业的认识,同时也能借助活动提升公众对这些职业的认识,提升全社会对医护人员的尊重。四是关注一些因国家或民族的重要事件而设立的国家纪念日等,通过活动向公众倡导某些价值导向。比如,12月13日为"南京大屠杀死难者国家公祭日",5月19—21日为"全国哀悼日"。在这些特殊的日子里组织学生参与宣传活动,能够帮助孩子更好地了解历史,培养爱国情怀,增强责任感和使命感。

（4）因某一活动或特殊时期，相关机构或组织需要志愿者活动的需要。

在某些情况下，有些机构可能需要志愿者提供讲解、维持秩序等服务，教师可以抓住这些机会，开展社会服务课程。比如，当地某纪念馆常年需要讲解员，教师就可以设计"小小解说员"的课程，内容包括纪念馆历史及内涵理解、讲解员工作内容与技巧、模拟讲解及实地讲解训练等，通过课程培养一批可以随时提供讲解服务的小志愿者。既能为纪念馆提供服务，解决人员不够的问题，同时也可以帮助学生了解家乡的纪念馆，提高表达能力、人际交往能力，提升自信心。同理，教师也可以和当地报社、电视台等建立联系，设计"小小记者"等相关课程。

所以，从服务形式上看，社会服务课程可以分为公益性宣传、公益性劳动、志愿者服务，以及其他关爱活动等，结合服务对象需求及相关的时机等，社会服务活动类拓展性课程可以呈现出多样化的设计。常见小学社会服务活动的内容与形式见表2-3。

表2-3　常见小学社会服务活动的内容与形式

服务指向	服务对象	劳动活动	宣传性活动	关爱活动	志愿者活动
家庭	家人	做家务小能手、今天我当家等	垃圾分类、交通安全、健康知识等宣传	结合中秋节、重阳节等节日与长辈互动	—
班级或学校	同学	—	端午节、教师节及其他需要进校园的宣传活动	同伴互助性活动	—
	老师	—	—	结合教师节活动	—
	班级	打扫班级	我为班级争光等宣传活动	—	—
	学校环境	校园环境清洁、美化等	垃圾分类等宣传活动	—	—
	学校其他活动	—	—	—	学校赛事等的志愿者活动
社区或社会	社区相关人群	—	健康、环保等知识的宣传	关爱社区老年人、儿童等	社区志愿者活动等
	社区环境	社区环境清洁、美化	—	—	
	相关公众	—	健康、环保等知识的宣传	走进敬老院等活动	爱心义卖
	其他同龄人	—	—	结对助学	爱心义卖、捐赠
	相关组织或机构	—	—	—	义务解说员、小记者、活动引导等志愿活动
	社会环境	环境清洁与绿化	关爱地球、节约能源等宣传活动	—	—
	动植物	—	关爱动植物等宣传活动	关爱保护植物等	保护动植物等志愿活动

3.从发展学生某一特长的角度进行课程设计

有时在设计某一课程时,教师特别关注学生某一方面的发展,或者教育的目的非常明确,那么设计时教师就可以重点考虑与该目的一致的社会服务,并以此为核心架构整体的课程。如教师发现学生的社会交际和语言能力较弱,那么他便可以以学生的语言交际能力发展为核心,以社会服务活动为载体来设计课程。

图2-4　以发展学生语言和人际交往能力为核心的社会服务活动类拓展课程设计

如图2-4所示,教师根据语言与人际交往的特性,将之分解为语言节目表演、解说、宣传、采访、引导以及交流等不同方式,同时考虑到了社会服务活动中运用语言较多的博物馆、纪念馆、表演活动、宣传活动等多种场景,最终结合实际情况设计了校园采访、运动会赛事引导、走进敬老院、同伴结对互助、语言表演进社区、纪念馆解说员、博物馆解说员、消防宣传、垃圾分类宣传等不同类型的社会服务课程。然后又根据学校的整体教学计划,设计了如表2-4所示的课程内容。

表2-4　六年级社会服务类拓展性课程设计

时间	主题	具体内容
9月	学习伙伴结对互助	通过交流,在班级里寻找结对同伴,制订结对方案,且在后续的活动中双方持续交流
10月	走进敬老院	结合重阳节活动,为敬老院的爷爷奶奶表演节目,并进行深入交流,了解他们的生活状况及需求
11月	校园消防宣传	结合11月9日消防日,制作海报,在校园进行消防知识宣传
12月	语言表演进社区	根据自身特长,全班分工合作,排练一期语言类节目,包括朗诵、相声、快板等,给社区送表演
2月	小记者	以小记者的身份采访学校同学,了解大家的寒假情况,并进行全班交流
3月	纪念馆解说员	了解当地纪念馆的相关知识,当解说员
4月	垃圾分类宣传进社区	深入学习垃圾分类知识,在社区进行垃圾分类知识宣传
5月	运动会赛事引导	了解运动赛事安排,在运动会期间当引导员

该课程根据学校的具体教学安排,进行了更加合理的设计和调整,比如,根据学校假期安排,将校园采访设计为小记者在校园内采访寒假生活;消防宣传则选择在消防日这一天;走进敬老院不仅选择了重阳节,而且包括了表演节目和交流互动两个方面。这些服务活动形式多样,但都以促进学生人际交往和语言发展为核心,同时也起到了服务社会的作用。

(三)社会服务活动的组织与实施

社会服务类活动实践性强,包括了课堂讨论、课外实践等多个环节,且往往一个主题又可以分为系列性的子主题。所以在课程开展之前,教师首先要设计整体的课程方案,引导学生参与到课程设计中去,在实施中将目的和对象明确。一般来说,社会服务活动的实施主要包括了以下几个基本要素和环节:明确服务对象与需求;制订服务活动计划;开展服务行动;反思服务经历,分享活动经验。

1.明确服务对象与需求

课程开始前,教师需要引导学生共同选择服务对象,并进行需求分析,采用问卷与访谈调查、与服务对象沟通、小组讨论、请教专业人士等方式,最终确定具体服务对象及需求。

以"走进敬老院"主题为例,该课程的总体目的是给敬老院的爷爷奶奶带去更多的关爱。但是他们的需求到底是什么则需要进一步分析。于是课前老师给学生安排了一个任务,要求学生以多种方式了解老年人的需求,并在课堂上讨论。讨论结果如图2-5所示。

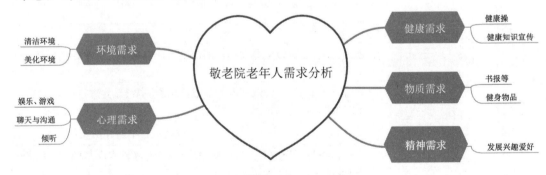

图2-5 敬老院老年人需求分析

从图2-5可见,根据课前调查,大家从心理、健康、物质和环境等方面对老年人的需求进行了分析,进而细化成可提供服务的内容。比如,针对老人的身体健康状况,进行老年人健康生活知识宣传,也可以教老人健康操,以及其他保持健康的生活方式。在环境方面,虽然敬老院的卫生环境较好,但是同样可以动手帮助他们打扫卫生,还可以开展植物种植、手工制作等活动进行环境美化。心理需求方面,针对老年人害怕孤独的心态,通过表演节目、玩游戏、聊天交流等方式满足需求,活动中要特别注意倾听他们的想法。在物质方面,很多志愿者经常会送上各种甜食及其他食品,但是经过调查,老年人同样需要书籍以及健身物品等。最后,有学生认为老年人觉得生活没有乐趣主要是因为没有爱好,活动可以尝试满足老年人的精神发展需求,所以他们决定利用自己的特长,对爷爷奶奶进行培训,让他们能进一步发展自己的兴趣爱好。最终,"走进敬老院"共设计成了三个模块六个活动,具体见表2-5。

表2-5　六年级"走进敬老院"活动主题与内容

序号	主题模块	活动主题	具体内容
1	爷爷奶奶我们来了	让我来陪您	节目表演、倾听与聊天,进一步了解爷爷奶奶
		美好环境我来做	打扫卫生、利用自己的专长布置环境
2	健康生活我做主	健康知识知多少	老年健康知识宣传
		动一动十年少	老年健康操
3	我帮爷爷奶奶找乐趣	爷爷奶奶也有兴趣爱好	分组进行书法、画画、插花、养花知识介绍及培训
		包饺子	与爷爷奶奶一起动手包饺子

上述内容的设计不同于平日里志愿者去敬老院打扫卫生、送物品的活动,而是基本按照马斯洛的需求层次理论,全面分析了老年人的需要,既关注外在的物质需要,更关注了其内在的心理需求。同时,所设计的内容也都在学生力所能及的范围内。

上述案例中,虽然不同的老年人需求不同,但整体上属于同一类别的服务对象。但是有些服务活动的需求分析可能指向多个完全不同的主体,在课程设计和实施时教师需要引导学生考虑全面。比如,在社区进行垃圾分类知识宣传的活动中,需要面对社区居民和社区工作人员两类完全不同的主体。学生既要与该社区的工作人员沟通,了解他们在垃圾分类管理工作中遇到问题,同时也要向社区居民了解在垃圾分类中遇到的问题,以及想要获得的帮助等。所以,结合两者的不同需求:一方面学生需要想办法以最佳的方式向社区居民进行垃圾分类知识宣传,普及分类方法。另一方面,作为公益宣传和志愿者,在活动中他们也可以想办法帮助社区人员找到更好的管理方法,或有重点地与居民进行沟通和交流,从而帮助他们解决难题。

2.制订服务活动计划

在前期明确服务对象和目的的基础上,师生可以共同制订活动的具体计划。一般来说,小学低段孩子的自主规划能力较弱,主要由教师制订计划为主,且难度较小。小学中段开始,计划的制订者逐步由教师向学生过渡。到小学高段时,为锻炼学生的自我规划能力,原则上由学生自主制订为主,教师可以给学生相应的方法指导,或者提供相关表格,引导、协助学生制订计划。

服务活动计划一般可以分为表格式和文本式两种,但是不管哪种形式,服务计划里都需要包括具体的服务时间、服务地点、服务前的准备、服务内容与形式等。其中,服务前的准备主要是服务知识与技能的准备,比如,相关知识宣传前必须要先掌握宣传的知识,劳动类服务前必须先掌握相关的劳动技术等。服务内容方面需要写明服务开展的具体流程、涉及的内容,以及其他相关的注意点。

以"爷爷奶奶也有兴趣爱好"为例,本次活动旨在引导学生利用自己的兴趣和特长为老年人服务,帮助他们发展自己的兴趣爱好,提高生活品质。所以,此次活动的目标设定为:能通过多种形式深入了解老年人的生活状况与心理特征,培养对老年人的关爱之情;学会制订服务计划,能利用自己的特长与兴趣爱好帮助老年人找到合适的兴趣点,并帮助他们发展兴趣爱好,丰富生活,提高生活品质;在活动中强化自身的特长,提高对自己的认同感,培养更加积极的生活态度。该活动的主体是六年级学生,学生的自我规划能力较强,所以计划的制订以学生为主,但在活动正式开始之前教师要下发如图2-6的任务单。

任务单

请以小组形式在课前完成下列问题的调研和计划。

1.爷爷奶奶平时喜欢哪些活动?

2.他们有什么兴趣爱好?

3.他们适合哪类活动或兴趣爱好?

4.我有什么特长? 这种特长适合他们吗?

5.我可以帮助他们发展什么兴趣爱好?

6.如何帮助他们?

7.具体计划是什么?

图2-6 "爷爷奶奶也有兴趣爱好"任务单

根据任务单,学生将以小组形式与老年人进行沟通和交流,了解老年人的喜好。同时通过查阅资料,深入了解老年人的特点,筛选适合老年人的活动。然后在课堂讨论的基础上,根据小组成员的特长爱好,自然形成书法组、国画组、花艺组、太极组、围棋组等。之后,学生在老师下发的小组活动方案表格上,以小组的形式制订相应的服务方案。具体方案如表2-6。

表2-6　毛笔字书法爱好小组活动方案

项　目	内　　容
服务目的	书法是一种非常适合老年人修身养性的活动。本组成员从小学习书法，且几位同学的书法多次获奖。本次活动想借助小组成员的书法特长，帮助一些对书法有兴趣的爷爷奶奶了解书法相关知识，掌握书法练习的基本方法，并能坚持练习
小组成员	××、×××等6人
服务时间与地点	统一活动时间或周末，敬老院
服务前的准备	虽然小组成员都有长期的书法学习经历，但不知如何教爷爷奶奶学习书法。所以在活动前将先请教我们的书法老师，了解教爷爷奶奶学习书法时应注意的事项，如教的方法、临摹本的选择等，小组成员商量好教授的具体方法
服务的具体过程	1.展示字帖，介绍主要的几种字体； 2.介绍握笔姿势； 3.介绍临帖的主要方法和技巧； 4.纠正错误的练字姿势及方法； 5.与爷爷奶奶沟通，了解他们练字过程中遇到的问题

在上述活动方案中，小组根据成员的特长和爱好选择了书法，方案中已明确了服务的具体内容、时间、地点及方法。另外，在方案制订时也充分考虑了小组成员的不足，准备先请教书法老师。所以，这种表格式的小组活动方案可以帮助学生更好地明确服务活动需要考虑的要素，并且能帮助学生进一步审视自身的能力，进行方案的可行性思考，能很好地培养学生独立思考的能力和执行能力。如果学生方案制订能力较强，教师也可以不用下发服务方案表，让学生直接以文本的形式制订就可。在各小组制订完计划后，教师可以组织学生对各组方案进行讨论交流，随后学生便可修订计划，再根据计划做活动前的准备。

3.开展服务

服务实际上是一种服务与体验相结合的过程，所以需引导学生在服务过程中用心体验。一般情况下，服务将按原计划进行，但是在服务过程中也会出现一些突发情况，要求学生能及时应对，培养学生的处事能力与随机应变能力。

4.反思服务经历，分享服务经验

作为社会服务类课程的收尾阶段，教师需组织学生展开讨论，开分享交流会，以写活动报告等形式，引导学生对服务的过程进行反思，总结经验和问题。

一般来说,反思过程及内容如表2-7。

表2-7 社会服务活动反思表

项　目	内　容
活动准备的反思	1.是否明确了服务对象的需求? 2.有没有掌握活动所需的知识或技能? 3.活动所需要的材料或工具等是否准备充足?
活动开展过程反思	1.活动开展是否顺利?有没有按原计划执行?如果没有,为什么没有按原计划进行? 2.活动执行的过程与流程是否合理? 3.活动的方法或形式是否合理? 4.活动是否满足了服务对象的需求? 5.服务过程中是否能及时和服务对象沟通,进一步了解他们的需求? 6.小组成员分工是否合理? 7.活动中遇到了什么问题?是如何解决的?
活动中获得的经验总结	1.服务准备方面的经验; 2.服务计划制订方式的经验; 3.服务中和他人沟通的经验; 4.其他相关经验
活动中存在的问题	活动的准备、计划及具体开展中存在哪些问题?该如何改进?

二、劳动技术与生活实践类拓展性课程

劳动技术与生活实践类课程实际上属于"劳动教育"的范畴,它以"劳动"为核心,与生活实践密切相联,强调在劳动过程中培养劳动技能,提高生活实践能力。我国一直非常重视劳动教育。2019年,中共中央、国务院印发《中共中央　国务院关于全面加强新时代大中小学劳动教育的意见》,提出要全面构建体现时代特征的劳动教育体系。所以,在小学教育中开展与劳动相关的拓展性课程势在必行。

(一)劳动技术与生活实践类课程的目标与内容

劳动技术与生活实践类课程强调"做中学",让学生学习劳动、参与劳动,在劳动实践中认知世界、掌握劳动知识、培养劳动意识、养成良好的劳动习惯与正确的劳动观念,并掌握一定的自我生存能力。所以,劳动类课程设计与实施中不能只关注表面上的"做",更应该注意"做"背后的知识、情感态度与价值观的培养。

根据劳动内容的差异,课程内容主要分为三大类别:一是指向于自我服务的劳动技能课程,如个人用品的清洁和整理,主要是为自我生活和学习服务,重在养成良好的生活与学习习惯。这是三类中最为简单,难度最低的,但也需要获得家庭的支持,从"学会"转向"坚持"才是重点。二是与家庭生活相关的生活技能,如打扫卫生、简单烹饪、插花、烘焙等。随着人们生活质量的提高,这类课程内容将越来越多样化。三是传统的种植、养殖等简单生产劳动,如农作物种植和小动物养殖等。三类中后两类课程的开展往往需要较强的现实条件支撑,比如烘焙就需要一定的原材料、设备及专用教室。而种植类课程中只有一小部分可以依托家庭开展,大部分需要学校有可以开展种植与观察的小农场,才能够让学生充分了解种植的过程,在劳动中感受劳动的快乐与收获。所以在课程设计时需要充分考虑可行性。

(二)劳动技术与生活实践类课程的设计与实施

由于三种类别间的差异,劳动技术与生活实践类课程在设计及内容组织时可能会呈现不同的形式。其中最常见的有两种:一是根据内容难度及学生年龄特点,将三个类别的内容进行横向整合。这种方式涉及的内容范围较广,但是难度较低。二是选择某一类别的内容设计一个课程,涉及面较窄,但是能实现纵深式推进。因而两种设计的应用情境也具有一定的差异性。

1.多内容横向整合式设计与实施

每一种类别中都包含多种劳动形式,同一类别的难度也差异很大。比如,同样是厨房劳动,洗碗的难度远低于包饺子的难度,而包饺子的难度又远低于做菜的难度。所以设计时既要注意不同类别内容间的整合,同时也要根据学生的年龄特点,选择难度合适的内容,且根据实际情况安排所需课时。一般来说,这种设计主要是螺旋式组织,在内容上呈现出梯度式设计,但是整体覆盖面广,涉及内容和形式多种多样。

小学低年级学生的动手能力逐渐增强,是培养自理能力和独立能力的关键时期。一般这个时期的劳动教育类课程以提升自我服务技能为主,同时辅以简单的家庭生活技能与生产劳动,培养学生为他人服务的意识。表2-8便是针对低年级学生的年龄特点,综合了自我服务技能、家庭生活技能和传统生产劳动三个方面。从横向来看,每个年级的内容都遵循由易到难,由服务自己到服务他人的逻辑,从自我服务技能到家庭生活技能,再到简单生产劳动技能的途径,难度逐渐提高。同时,也从为自身服务,逐步提高到为家庭和他人服务。从纵向看,不同年级的内容相互对应,且二年级的内容比一年级难度高些。比如,在学习自我服务方面,从一年级的"我会整理书包"过渡到二年级的"我会包书皮",对学生的精细动作要求提高;家庭生活技能从一年级的"我会洗碗"逐步过渡到二年级的"今天我做小厨师",既在技能要求上提高了,同时也让孩子感觉自己从一个厨房的辅助者成了厨房的主导者。当然,主厨的内容可以安排得简单一些。同样,简单生产劳动"我爱我的小宠物"这一课题,对孩子来说更多的是对宠物的喜爱,真正照顾的成分可能比较少,但是到了二年级"我会养小鱼"这一课题,由于小鱼并不好养,这里既要让学生通过各种途径学习养鱼的知识,更要让他们感受到一种责任感。

表2-8　低年级"我是小小劳动者"拓展性课程设计表

	自我服务技能		家庭生活技能		简单生产劳动	
一年级	我会整理书包	小小袜子我会洗	我会扫地	我会洗碗	水培植物我会养	我爱我的小宠物
二年级	我会包书皮	我会叠被子	地板亮闪闪	今天我做小厨师	我会种豆子	我会养小鱼

由此,我们可以看到,这种螺旋式的安排在内容和目标上都涉及劳动知识、劳动技能和劳动情感态度与价值观的培养。所以上述"我是小小劳动者"课程的目标可以设计为:

通过自我服务、家务劳动,以及简单动植物的养殖和种植等学会与劳动内容相关的知识,掌握一定的劳动技能;在劳动过程中,能通过多种方式获得与劳动相关的知识,或者主动寻求外在帮助;在劳动中学会合理安排时间,能正确制订劳动方案,实施劳动过程;能在多种劳动中感受劳动带来的成就与快乐,树立正确的劳动观念,培养自己的事情自己做的意识、为他人服务的理念及责任感,养成热爱劳动的好习惯。

以上课程目标从劳动知识与技能、劳动过程与方法、劳动意识与劳动观念、劳动习惯等方面制订了完整的课程目标。但是在具体的实施过程中,这个目标将进一步分解到每个子课题中。比如"今天我做小厨师"这个课题,由于主体只是二年级学生,动手能力还不强,所以并不是要学生完全承担起一名厨师的任务,更多的是鼓励学生去尝试,体验一下作为一名"小主厨"的身份,学习简单的劳动技能,同时换位思考,体会父母的辛苦就可以了。所以整个内容定位于让学生在爸爸妈妈的指导下独立完成一份较为简单的家常菜上,其目标可以设计如下:

在择菜、洗菜、切菜、做菜和装盘过程中知道做菜的具体流程,掌握劳动过程中的相关知识与技巧;在做菜过程中初步学会合理利用食材、时间与空间等资源;在做菜过程中体验劳动的乐趣,体会父母的辛劳,学会和父母互动,学着更好地关爱父母。

该目标全面关注了"知、情、意、行"等方面,将知识和技能细化到了洗菜、切菜、做菜和装盘等具体过程中,兼顾了学生对各种资源的统筹规划和使用,同时在情感态度方面,引导学生体会爸爸妈妈每天做菜的辛苦,从而更好地尊重爸爸妈妈的劳动成果,关爱爸爸妈妈。

事实上,劳动中的知识往往是多方面的,既有劳动过程和方法相关的知识,也有劳动内容本身相关的知识,比如花卉种植前需要了解该花的习性,洗衣服前需要学了解不同衣物的洗涤方法差异,知道不同洗涤剂的差异等。所以,目标设计时教师要特别关注劳动所涉及的知识。这些知识有些可能需要学生在劳动前就做好做准备,有些可能是在参与劳动的过程中通过求助或他人指导获得,也有可能是在劳动过程中自然习得。在目标设计时,教师必须要考虑到多种可能性,在课程开展过程中引导学生去学习、发现这些知识。

一般来说,这种多内容整合式的课程中单次活动的内容都较为简单,在具体实施时往往以实践的方式,以劳动过程为线索来实施教学,教师要特别关注引导学生参与整个过程,坚持在"做中学",重点关注学生具体的操作过程与方式。所以,课程实施中不能单纯采用讲授式的教学方法,可综合采用讲解、讨论、现场演示、动手操作以及讨论等方式来进行。比如,在"小小袜子我会洗"的活动中,教师可以通过现场演示、动手操作等方式带学生体验整个过程,以洗袜子的过程为主线,引导课程开展。以"如何洗袜子?"的问题导入,在学生讨论的基础上,根据洗袜子的步骤:找盆—加水—放入洗衣粉(液)—浸泡—搓洗—漂洗—拧干—晾晒,逐步展开,在这一过程中逐步引导孩子提出并解决"为什么要浸泡?""洗衣粉、洗衣液和肥皂有什么差别?""为什么洗衣粉和洗衣液不能同时使用?""怎样搓洗?""有没有什么工具可以利用?""针对一些顽固性污渍如何处理?"等问题,同时教会学生搓洗、拧干等动作技巧。

另外,这类课程需要设计课后拓展和延伸的内容,将课堂情境转化为生活实践。像该主题活动就可以让学生回家后尝试洗一下自己或是家人的袜子,拍摄照片,记录过程,全班展示,以便帮助孩子进一步在实践中掌握洗袜子的方法,同时引导孩子体验劳动带来的成就感,培养孩子热爱劳动的好习惯。

2.单一内容专题式设计与实施

三大类别中,家庭生活技能与生产劳动中的有些内容有一定的难度,操作较为复杂,且变化较多,比如插花、烘焙对于提高家庭生活品质具有一定的作用,对学生也有一定的吸引力,但是这两种技能并不是一节课就可以学会的。所以,教师可以从知识、内容、操作流程及技巧等方面入手,开设一门完整的专题性课程。

目前来看,劳动技术与生活实践类课程中,适合做专题性的课程包括插花、烘焙、烹饪、毛线编织、园艺、缝纫、木工、花卉种植、农作物种植、动物养护等。观察上述专题,我们可以看到这类内容往往具有一定的共性。首先,它们都需要一定的前期知识基础,具有一定的操作流程或操作技巧。如花卉种植前需要认识一些常见的家庭种植花卉,知道有水培、土培等不同的方式,而在毛线编织前要了解常见毛线编织的针法等,这些是基础。但是光学基础不够,每一种劳动技能又有着多种方式,或者说有多种不同的侧面内容,比如烹饪有中式烹饪和西式烹饪,而中式烹饪又有炸、蒸、煮、炒等多种方式。这些变化使每一种技能变得丰富多彩,当然也使难度加倍,但是在课程中必须要按照一定的逻辑,将这些变化呈现出来,这才是一个完整的课程。最后,每一种技能又会因人而异,课程的最后应该允许学生有所创新。所以,这类课程设计时往往以三大模块的形式进行设计,先是该技能的基础知识、基本流程和操作技能的学习,随后呈现该技能的多种变化,以项目或模块的方式展开,深入学习,最后以学生的创新进行拓展和延伸。(见图2-7)

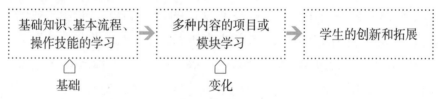

图2-7 单一内容专题式常见设计

以烘焙课程为例。近几年,烘焙课程逐渐进入了学校课堂,教师将其作为拓展课程的形式开展。

烘焙的花样繁多,但是不管哪种形式都需要掌握烘焙基础知识,比如烘焙的原料配比、计量方法及烘烤方法等;了解常见的烘焙项目,如月饼、蛋挞、比萨等,但是同时也需要学生能利用烘焙的一般知识与方法,发挥自己的创意。面对小学生,我们可以将拓展课程的课程目标设定为:了解烘焙的历史与文化,认识烘焙所需的工具与材料,知道烘焙的原料配比与计量方法;掌握烘焙的一般过程与方法,以及几种常见烘焙食品的具体制作方法;自主创新烘焙方法,发展创新与实践能力;在烘焙中感受烘焙的魅力以及美食制作的乐趣。

在课程内容的设计上也可以采用上述设计形式,先将基础知识置于前,再选取几个难度适中,且又适合学生的烘焙项目分别进行教学,具体如表2-9。

表2-9　小学四年级烘焙课程设计[①]

序号	主题	具体内容	流程
1	烘焙基础	了解烘焙的历史与文化;认识烘焙的工具与材料;知道烘焙的原料配比与计量方法;掌握烘焙的过程与方法	基础知识、基本流程与方法教学
2	月饼	了解月饼制作的原材料及制作时原材料的使用分配比例;掌握月饼的制作和烘烤方法;操作实践	多种内容的项目或模块教学
3	蛋挞	了解蛋挞制作的原材料及各原料的分配比例;掌握蛋挞的制作和烘烤方法;操作实践	
4	比萨	了解比萨制作的原材料,知道比萨制作时所需原材料的量与比例;掌握比萨的制作和烘烤方法;操作实践与创意制作	
5	曲奇饼干	了解曲奇饼干制作的原材料及制作方法;知道曲奇饼干原材料的分配比例;掌握曲奇饼干的制作和烘烤方法,操作实践与创意制作	
6	我的创意烘焙	根据几次课堂经验,结合自身创意,创造属于自己的烘焙作品,并进行全班品鉴会,交流经验与心得	学生的自主创新

　　课程首先设置了"烘焙基础"一课,具体包括烘焙的历史与文化、烘焙的工具与材料、烘焙的过程与方法,在此基础上选择了学生较为熟悉的月饼、蛋挞、比萨和曲奇饼干四个项目进行教学,最后设置了"我的创意烘焙",帮助学生利用之前的知识和技能发挥自己的创意,创造属于自己的烘焙作品,开设全班品鉴会,交流经验与心得,使课程完美落幕。课程整体上遵循着基础知识介绍—项目或模块学习—自主创新、交流展示的途径进行设计。这种设计方法同样适用于插花等内容丰富,并且是可以让学生发挥创意的课程设计。

　　另外,上述课程中,在每一项目的实施过程中都采用了操作实践的方法,这也是劳动技术类课程实施的特征。月饼、蛋挞、比萨和曲奇饼干四个项目的实施中基本都按照了解原材料及制作方法—学习制作及烘烤方法—小组操作实践及创意制作的过程进行。先让学生通过看视频等方式了解该项目制作的具体方法,然后以小组合作的方式进行操作实践,再以操作实践来巩固认识。另外,由于原材料、口味及样式的多样性,我们还可以看到,该课程在比萨与曲奇饼干的操作实践中特别增加了"创意制作",即鼓励学生在掌握了该项目的基本

　　①《烘焙课》校本课程开发纲要设计,https://wenku.baidu.com/view/2012723733d4b14e84246885.html,访问日期:2020年5月4日,收入时有较大改动。

操作方法后,按照自己的喜好进行创意制作,从而使烘焙更有创意。这也与课程最后一个环节"我的创意烘焙"相呼应。

三、传统手工艺制作类拓展性课程

中华民族在五千年的历史发展中形成了璀璨的手工艺文化。教育兼有传承文化和文化创新的功能,所以如何传承工匠精神,将这些传统手工艺文化搬进课堂是我们需要思考的问题。教师可依据自身兴趣、特长及当地传统文化背景,选择相应的手工艺制作来开设拓展性课程。

传统手工艺制作类课程主要是学生在老师或专业人士的指导下,了解传统手工艺的制作原料、制作过程与要素、制作技巧,初步学会简单的制作。在制作中了解我国传统民间手工艺的辉煌成就,提升民族自豪感,培养保护和传承我国非物质文化遗产的意识。

可开发为拓展性课程的传统手工艺很多,如剪纸、年画、泥塑、布艺、灯彩、吊饰、刺绣、竹编工艺等具有民族或地方特色的都可以。所以,了解当地的历史文化底蕴与地方特色,是开发传统手工艺制作类课程的前提条件。传统手工艺工艺复杂,所以课程的设计宜精不宜多,选择一项手工艺就可以开设一个完整的课程。这类课程的开发过程与其他课程相似,但是由于传统手工艺往往与当地的文化密切相关,所以在课程正式设计前的调研准备相当重要。一般来说,这类课程的开发主要分为四个步骤:首先是根据当地文化和传统,选择手工艺类型,做好前期准备;其次根据手工艺的特点及学生情况确定课程目标;第三,对手工艺课程进行设计;最后,实施课程。

(一)传统手工艺类型的选择和前期准备

传统手工艺的类型主要分两类:一类是属于大众型的,即在我国大部分地区都较多出现的,如窗花、剪纸等。另一类相对比较小众,往往带有浓郁的地方特色。选择哪一类作为拓展性课程,主要依据教师本人的兴趣、特长,以及当地可以获得的资源、材料及技术支撑。一般来说,有浓郁地方特色的内容将更具吸引力。显然,如果景德镇的小学要开设拓展性课程,陶艺绝对再合适不过了。因为这里有着陶艺课程最好的材料和技术人员,而且学生早已对这一民间工艺耳濡目染。另外,天然的地理条件也为学生实地参与、了解陶器的制作过程提供了条件。同样,以浙江为例,浙江山水灵秀、人文荟萃,有着织绣、雕刻塑造、陶瓷烧造、印刷装裱、器具制作等诸多传统工艺项目。比如,杭州的丝绸、杭扇、刺绣;绍兴的越窑青瓷;嘉兴的海宁皮影戏、硖石灯彩、乌镇蓝印花布;温州的仁溪木雕;金华的东阳木雕、永康锡雕、浦江麦秆剪贴等,都独具地方特色。

所以,开设传统手工艺类课程前教师要充分了解当地文化,挖掘当地的传统手工艺,选择合适的内容来设计课程。一旦选定传统手工艺类型后,教师便要展开前期考察,通过查阅文献、走访等方式,了解该项传统手工艺制作的历史、故事,寻访当地手艺人,了解制作过程,学习制作技巧,并寻访可以给课程提供专业指导的人员以及确定可以作为学生实践基地的场所。

(二)传统手工艺制作类拓展性课程的目标设计

因大部分传统手艺作品制作过程考究,工序复杂,精细度要求高,所以将其作为课程时需根据学生的实际情况,以及工艺本身的特点制订合理的目标。一般来说,这类课程主要以动手操作为主,但是学会制作并不是唯一的目的,在目标设计时需要综合考虑价值引领、操作技能水平、传统与创新的关系。一方面,要特别注意引导学生在操作实践中了解、体验传统手工艺的历史和文化,初步掌握制作工艺,培养学生对我国传统民间工艺及中国传统文化的兴趣,并保护和传承这些工艺。另一方面,传统手工艺不仅需要传承,同样需要创新。在教学过程中也可以尝试引导学生进行创新设计。

作为面向小学生的拓展性课程,我们的目标并不是培养专业的手工艺制作者,在目标制订时切不可过分拔高要求,学生能在操作中了解传统手工艺的形式、发展、制作工序或技法即可。比如,蓝印花布是我国一种传统的印染工艺品,有着一千三百多年的历史,是我国重要的非物质文化遗产之一,浙江桐乡是其重要产地之一。为了让学生了解这种传统手工艺,教师在开设"蓝印花布"的拓展性课程时可以将目标设计如下:

(1)认识蓝印花布及在生活中的作用,知道蓝印花布的基本知识,了解蓝印花布的发展历史。

(2)体验蓝印花布制作的过程,掌握蓝印花布一些基本图案的创作方法,以及蓝印花布常用的印染工艺,增强动手能力。

(3)能根据事物的形体特征和蓝印花布的造型语言,创作出简单的蓝印花布图案,学会按美的规律去美化生活,提高学生观察能力、审美能力和创新能力。

(4)通过对蓝印花布及其制作工艺的了解,培养学生对中国传统民间工艺的兴趣,热爱传统文化,并传承和创新传统文化。

上述目标在兼顾了三维目标的同时,注意了目标的层次性,而不是只停留在简单的会制作蓝印花布的技巧上。在知识与技能方面,该目标关注了蓝印花布基础知识的学习,帮助学生了解蓝印花布的历史、创作方法、印染工艺以及在生活中的作用等;在过程与方法方面,主要以动手实践的方式,让学生亲身体验蓝印花布的制作过程,在实践中了解和掌握蓝印花布图案的基本创作方法和常用的印染工艺,并且在这基础上学会利用蓝印花布的造型语言,进行创新;在情感态度和价值观方面,主要以蓝印花布为突破口,培养学生对我国传统民间工艺的兴趣,提升对传统文化的传承和创新意识。

从目标陈述层次感的角度看,它实现了传统工艺基础知识和技能的学习—传统手工艺的创新—传统手工艺和传统文化的感知与热爱的层次性跨越。一般像这种通过实践进行技能性学习的内容很容易变成单纯的技巧学习,但是该目标设计深谙传统工艺既需要传承,又需要创新的特性,鼓励学生根据事物的形体特征和蓝印花布的造型语言,创作出简单的蓝印花布图案,将传统与时代融合,从而实现了第一个层次的提升。该目标以蓝印花布为基点,指向整个中国传统民间工艺和传统文化,具有以小见大的功能,从而实现了第二次提升。

以上的三维性和层次性对其他传统手工艺课程目标的设计也具有一定的参考价值,具体设计时可以根据不同工艺的特性进行修改,主要注意以下两个方面:

1.注意目标的三维性

不要将手工艺课程变成手工制作课,应从知识与技能、过程与方法、情感态度与价值观三个方面全面设计目标(如图2-8所示)。知识与技能方面主要让学生了解相关手工艺的基本情况,如该手工艺作品的具体表现形态,基本的制作工艺等;了解该手工艺的历史与发展;了解这种手工艺与日常生活的关系。过程与方法方面主要让学生亲身实践该手工艺作品的制作过程,在实践中掌握该手工艺制作的基本流程与方法、制作工艺与技巧,以及对传统手工艺进行创新的方法。在情感态度与价值观方面主要是通过活动提升学生对传统手工艺的兴趣、对传统美的感知能力,培养学生对传统文化的热爱,并且能更加辩证地看待传统手工艺的传承和创新。所以,实际上是通过三个方面,在认识、了解和掌握传统手工艺的基础上,全面提升了学生的观察能力、审美能力、动手能力、思辨能力和创新能力。

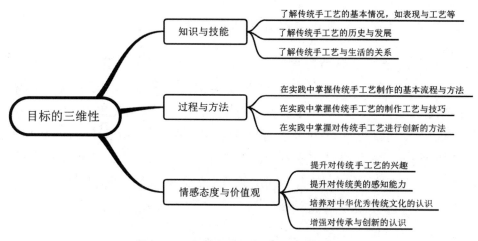

图2-8　手工艺课程目标的三维性示意图

2.注意目标的层次性

教师在设计这类课程的目标时一定要关注目标的层次性,要能够使学生通过手工艺的学习实现思维和情感上的升华。所以,目标需要蕴含三个层次,完成两次飞跃(如图3-8所示)。

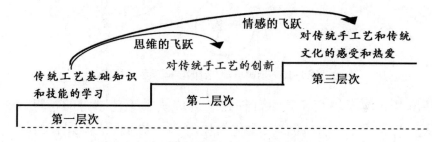

图2-9　手工艺课程目标的层次性示意图

第一层次是引导学生对该项传统手工艺的基础知识、基本工艺和基本技巧进行学习,全面了解该项传统工艺,并能动手制作完成工艺品,从而完成对该项手工艺当前状态的认知,并且知道传统手工艺传承的重要性。第二层次是在了解和掌握该项传统手工艺的基础上,引导学生拓展思维,从传统工艺的特性出发,结合社会需求及个人特长进行创新,让学生意识到传统手工艺创新是该工艺发展的需要,也是时代发展的需要。所以,从第一层次到第二层次实际上是从传统到创新的飞跃,是学生思维的转变过程。第二次飞跃是在对该项传统手工艺的认识学习过程中,让学生对我国传统文化感兴趣,爱上中华优秀传统文化,从而完成从点到面,从课程中单一传统手工艺向我国整个的传统手工艺,从传统手工艺到传统优秀文化的飞跃。这实际上是一次情感的飞跃。只有完成这个飞跃,学生才能成为未来保护、传承和创新中华优秀传统文化的人。

（三）传统手工艺制作类拓展性课程的内容设计

传统手工艺一般都有着深厚的历史底蕴以及复杂的操作工艺,这类课程往往兼具工艺学习、文化体验、传统文化传承等具体内容,所以内容设计上既要关注学生对传统手工艺的认知与掌握,又要关注对传统文化的体验和学习。同时,在传统手工艺日见式微的今天还需要特别关注对传统文化的创新与推广。因此,这类课程一般可以从工艺传承、工艺创新和文化传承三个方面进行课程内容的设计。具体设计时,因为不同的路径,又会呈现出多种样式。

1.多角度立体模块交叉式设计

图2-10　崇德小学"蓝印花布"课程结构图[①]

多角度立体模块交叉式设计往往结合传统手工艺本身的特点,从传统手工艺的认识与学习、传承与创新、文化体验等多个方面,依据课程目标,将课程内容设计成不同模块,思路清晰,内容丰富,活动形式多样。如图2-10是浙江省桐乡市崇德小学拓展性课程"蓝印花布"的课程结构。该课程围绕做"蓝印花布的传承达人"这一目标,以文化的传承为核心,结合多种活动形式,将其整合成"活动推广达人""文化传承达人""巧手制作达人""创意设计达人""工艺传承达人"五大模块。这五大模块分别涵盖了蓝印花布的主题性层面、蓝印花布制作的知识技能层面,以及学生自身发展层面。以"工艺传承达人"和"巧手制作达人"照应学生对蓝印花布这项传统手工艺知识、技术和工艺的学习和传承。以"文化传承达人"和"活动推广达人"促进学生对中华优秀传统文化的认同,认识到文化传承的重要性,并积极参与中华优秀传统文化的推广活动。以"创意设计达人"照应中华优秀传统文化与时代的交融,发挥学生的创意,促进中华优秀传统

---

①崇德小学,《蓝印花布》拓展性校本课程纲要,http://www.zhsjhdw.com/show.aspx?tid=35&nid=2502,访问日期:2020年6月3日。

文化的传承。

上述内容设计实际是将传统手工艺与教育本身的目的结合,既关注蓝印花布艺术的精髓,吸收和借鉴蓝印花布的语言风格、造型手法和表现技法知识,又关注学生自身创新意识的培养,同时也为传统手工艺的发展提供了动力。

根据上述内容,崇德小学"蓝印花布"课程还编写了一些新颖的主题,见表2-10。

表2-10 "蓝印花布"校本课程教材目录[①]

大主题	小课题	大主题	小课题
历史探究	走进蓝印花布	图案设计	点的魅力(植物)
	蓝印花布工艺探秘		点的魅力(动物)
工艺探索	蓝色的吉祥		点的魅力(人物)
	美丽花版	实用开发	适合纹样
	布上拷花		玩偶DIY
	奇妙印染		蓝印花布生活馆

这些主题是对课程内容的具体细化,但并非一一对应,教材包括了"历史探究""工艺探索""图案设计"和"实用开发"四大板块。"历史探究"涉及蓝印花布的历史发展与工艺,帮助学生认识这门传统手工艺,主要对应"文化传承达人"模块。"工艺探索"和"图案设计"偏重操作,主要帮助学生掌握蓝印花布的制作工艺,对应课程体系中的"工艺传承达人"和"巧手制作达人"模块,同时也为自主创新奠定了基础。"工艺探索"分别从"蓝色的吉祥""美丽花版""布上拷花""奇妙印染"四个方面帮助学生掌握蓝印花布的制作工艺,而"图案设计"则从植物、动物和人物三个方面帮助学生掌握蓝印花布的图案设计方法。"实用开发"部分偏重于创新训练,对应"创意设计达人"模块,从"纹样设计""玩偶DIY"到"蓝印花布生活馆",旨在帮助学生充分发挥自己的创意,这也是对传统文化的传承与创新。

从课程内容和教材体系看,整体上都是沿着文化传承—工艺传承—工艺创新的思路设置课程内容,使学生既学会了传统手工艺的相关知识,同时实现了文化的传承与创新。

---

① 崇德小学,《蓝印花布》拓展性校本课程纲要,http://www.zhsjhdw.com/show.aspx?tid=35&nid=2502,访问日期:2020年6月3日。

2.依据制作工艺的流程式设计

一些传统手工艺随着时代的发展,往往在不同的地域形成了不同的风格,比如风筝就可以分为北京、天津、潍坊和南通等流派,每个流派中又可以分为不同的风格和类型。虽然这些不同流派的风筝风格迥异,但是却有着较为一致的制作工序,只是在一些细节加工等方面存在一些差异。所以,虽然传统手工艺课程设计具有浓郁的地方特色,但是如果按照制作工序进行课程内容设计,不仅条理清晰,有利于学生掌握制作工艺,而且能帮助他们更好地迁移到其他不同风格工艺作品的制作。表2-11就是按照这一思路进行的"风筝"课程的内容设计。

表2-11　小学四年级拓展性课程"风筝"课程内容设计

模块	主题	具体内容
知风筝	风筝的起源与历史	通过资料检索、讨论,了解风筝的起源及其历史发展
	风筝的文化与风格	参观风筝博物馆,结合相关资料,了解我国的风筝文化,以及各地开展的与风筝相关的活动等。在参观与比较中感受不同地区所形成的独特的风筝风格
	风筝的类型	从形式和内容两个方面了解风筝的类型。风筝从形式方面分为硬翅类、软翅类、拍子类、长串类、桶式类、伞翼类等。风筝从形象方面分为鸟类、虫形、人物、器物、字形、几何图形等
做风筝	扎骨架	掌握骨架的选材方法,以及骨架的制作工艺,包括劈、削、弯、连接等
	糊纸面	掌握蒙面的材质与选材方法,以及蒙面的具体制作工艺
	绘花彩	了解风筝画面的主题、类型及绘制技巧
	绑脚线	掌握绑脚线的方法及原理
放风筝	放风筝比赛	了解放风筝的空气动力学原理,掌握放风筝的技巧,开展放风筝比赛
评风筝	风筝展览	介绍自己的风筝,进行风筝展览,互相评价

从表2-11可见,课程共分成"知风筝""做风筝""放风筝"和"评风筝"四大模块,"知""做""放""评"四个动词正好构成了学生对风筝这一中国传统工艺的认识过程。四大模块中,"做风筝"是核心。这一模块又严格遵循了风筝制作的工艺流程,沿着"扎—糊—绘—绑"的顺序进行。通过这种方式的学习,学生可以将这种制作方法迁移向任何风格风筝的制作。所以,这种内容设计使得该课程在潍坊、南通等有着深厚风筝文化底蕴的地方都可以开展,教师只需添加一些当地的风筝特色就可以了。

3.多项目并列式内容设计

有些传统手工艺操作技法不在复杂,而在于精细,所以不像风筝的制作一样有统一的流程,但是却不妨碍它成为我国优秀传统文化重要的一部分。比如剪纸,剪纸在我国有着悠久的历史,2009年被联合国教科文组织列入"人类非物质文化遗产代表作名录"。像剪纸这种类别的传统手工艺往往可以分为不同的类型,课程设计时可以先了解该传统手工艺的基本技法,然后以多个项目的方式展示,让学生在对不同类型的认识和制作中全面了解该传统手工艺。

以剪纸为例,剪纸可以分为传统剪纸和现代剪纸。这里所指的主要是传统剪纸。传统剪纸作为传统民俗的一部分,往往与当地的习俗密切联系在一起。根据功能,可以分为窗花、礼花、鞋花、门笺等;在发展过程中出现了一些常见的花色,如人物故事、花鸟走兽和吉祥图案等。所以,课程设计时,教师可以先将这些图案进行选择和分类,选取一些有代表性的图案供学生学习和制作(如图2-11所示)。

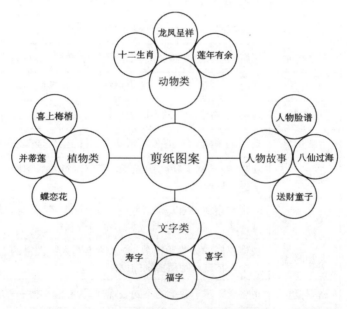

图2-11 传统剪纸课程的图案分类

图2-11将传统的剪纸图案简单分为植物类、动物类、文字类和人物故事类四大类,又在四大类中分别选择了一些最能代表传统特色的剪纸图案。如动物类中选择了学生熟悉的十二生肖,年画上常见的"莲年有余",以及在一些喜庆场合常见的"龙凤呈祥"。文字类选择了常见的"福""喜""寿"三字。人物故事选择了学生熟悉的"八仙过海"。此外,还运用了具有传统寓意的"莲年有余""喜上梅梢""龙凤呈祥"等词,让学生在学习剪纸的过程中感受到浓浓的中华优秀传统文化的韵味。在课程设计时,只要将这些不同的项目并列呈现就可以

了。如果不同项目具有难度差异,则可以按照由易到难的顺序进行排列。如上述剪纸课程中人物故事的难度较高,文字类的难度较低,便可以做如表2-12的整体设计。

表2-12　小学五年级"美丽的中国剪纸"课程内容设计表

模块	主题		主要内容
认识剪纸	剪纸的起源与发展		通过资料检索及讨论等方式了解我国剪纸的起源及发展
	各种各样的传统剪纸		通过图片、视频、实物等方式了解我国传统剪纸的类别、用途及常见图案等
	剪纸的基本技法		掌握折叠、阴刻、阳刻、刺孔等基本技法
	剪纸的基本纹样		掌握锯齿纹、月牙纹、水滴纹、柳叶纹、云纹、波浪纹、太阳纹、三角纹等基本装饰性纹样
剪纸实践	文字类剪纸	喜	了解"喜"字的不同表现样式,掌握"喜"字的剪法
		福	了解"福"字的不同表现样式,掌握"福"字的剪法
		寿	了解"寿"字的不同表现样式,掌握"寿"字的剪法
	植物类剪纸	喜上梅梢	观察、了解"喜上梅梢"剪纸的不同表现样式,并能掌握一种剪法
		并蒂莲	观察、了解常见的并蒂莲表现样式,并能掌握一种剪法
		蝶恋花	观察、了解蝶恋花的不同表现样式,并能掌握一种剪法
	动物类剪纸	十二生肖	观察、了解十二生肖的剪纸图案,并能至少选择一种生肖进行制作
		莲年有余	观察"莲年有余"的剪纸图案,了解寓意及其不同的表现样式,并能掌握一种剪法
		龙凤呈祥	分别观察龙、凤以及龙凤呈祥的剪纸图案,了解其寓意及不同的表现样式,并能至少选择一种剪纸进行制作
	人物故事类	人物脸谱	观察不同的人物脸谱剪纸,了解不同人物性格的表现样式,并选择一个人物进行脸谱剪纸的创作
		送财童子	观察送财童子剪纸的不同表现样式,并能掌握一种剪法
		八仙过海	观察八仙过海剪纸的图案,并模仿剪纸制作
剪纸创作	传统剪纸图案创作		选择一个主题,利用已学的剪纸技巧进行剪纸创作,并说说其寓意或创作意图
剪纸展览	剪纸博览会		将大家的剪纸作品在班级进行展览,互相欣赏、评价

　　上述课程分为认识剪纸、剪纸实践、剪纸创作和剪纸展览四个部分,其中剪纸实践是整个课程的核心。在前期已经基本认识了传统剪纸的起源与发展、类型、用途、常见图案、基本技法和基本纹样的基础上,该课程内容从文字、植物、

动物、人物故事四个方面入手,选择了龙凤呈祥、八仙过海等共计12个具有代表性的项目,兼具引导学生认识传统剪纸经典图案和引导学生进行练习实践的双重功能。

(四)传统手工艺制作类拓展性课程的实施流程及策略

传统手工艺课程的实施重点在于将知识学习与动手实践、文化传承与创新相结合。一般来说,实施时基本沿着"了解和感知传统手工艺—学习、掌握传统手工艺制作的过程与方法—模仿学习,动手实践—改变创新—交流、展示与分享"的流程进行。如耿威芳就总结了剪纸课程的八步法[1]:一整,整合系统内容,兼容并蓄;二赏,欣赏作品,开阔眼界;三学,学习剪纸技法,提高技能;四临,临摹现有作品,感受精髓;五改,改编他人作品,小试身手;六创,创作个人作品,学以致用;七评,评价同学作品,自我提升;八展,展示交流成果,体味成功。这八个步骤既是对传统文化的体验和学习过程,也是自我创新和提升的过程。

实施时,教师可以采用实地调研、观察分析作品、教师讲解、视频学习与自主探究等多种策略共同进行,每个阶段的内容及可用的教学策略如图2-12所示。

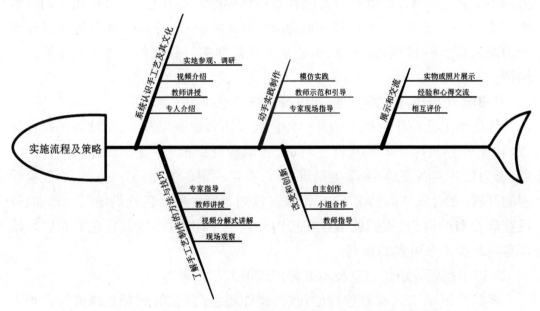

图2-12 传统手工艺制作类拓展性课程的实施流程及一般策略

课程开始之时可以通过学生实地参观调研、视频介绍、教师讲授、专人介绍

---

[1]耿威芳:《"八步"教学法传承民族剪纸艺术》,《基础教育论坛》2017年第8期。

等方式帮助学生系统认识这类传统手工艺作品的形象与文化。所谓文化,不仅要了解外在的形态,还要了解其背后的历史发展、文化标识等。之后学生了解该手工艺制作所需要的材料,制作的过程、方法和技巧。在这个过程中,可以采用现场观察、专家指导、视频分解式讲解及教师讲授等方式进行学习。之后,学生将在教师或专家的示范和指导下,亲自动手制作。在学生已基本掌握传统手工艺的基本内容后,教师可以引导学生根据该手工艺的技巧和特征进行创新。最后,教师可以让学生在课上分享自己的学习经历和感受,并将学生所制作的手工艺制品以实物或照片的形式进行展示。

除上述这些常规策略外,根据传统手工艺本身的特点,教师可以特别关注以下三种手段的使用:

1.利用校外导师制,拉近教学与中华优秀传统文化的距离

学科课程中教师往往扮演着"专家"的角色,但在传统工艺领域,教师却未必是专家。由于传统手工艺者本身自带传统文化的属性,所以与教师相比,这些"工匠"除带给学生更加专业的知识、工艺与技巧外,同时也能够使学生更加直接、深刻地感知传统文化的魅力。因此,课程开始前,教师需要寻访本地相关的手工艺艺术家,聘请他们走进教室担任"导师"的角色,也可以在他们的带领下参观手工艺作坊、工厂或实践基地,担任解说员。同时,在与这些校外导师的交流中,还可以启发学生、引领学生认识并学习我国传统手工艺者的匠人精神。

2.积极拓展校外实践基地,建设校内特色空间

传统手工艺往往与当地的一些特色性场所紧密联系在一起,这种场所在布置、功能等方面都有着独特性。所以,在课程开设前,一方面要寻访特色性场所,设为校外实践基地,为学生调研、学习提供一定的方便;另一方面,为配合课程的开展,在有条件的情况下,也可以在校内布置一些特色性的场所。比如,开设蓝印花布的课程,我们就可以在校内开设一个印染坊,别具特色的布置将给课程的开设带来更多的便利。

3.善用视频等现代信息技术改善传统手工艺教学

有些传统手工艺有着独特的技法,操作难度高,仅靠教师上课讲解效果未必理想。而视频则能解决这种问题,传统手工艺中一些技巧讲解的部分,教师可以将其录制成视频,供学生课前学习或者课后练习时观看。在条件允许的情况下,也可以将整个课程录制成微课。

比如,硖石灯彩是浙江省海宁市的国家级非物质文化遗产,是传统艺术中的精品,重在"彩",主要运用针、拗、结、扎、刻、糊、裱、绘"八大技法",以灯透

彩,玲珑剔透。为满足文化传承与教学的需要,朱娟芳便整合信息,利用技术手段,将其设计成了如图2-13所示微课程内容框架。

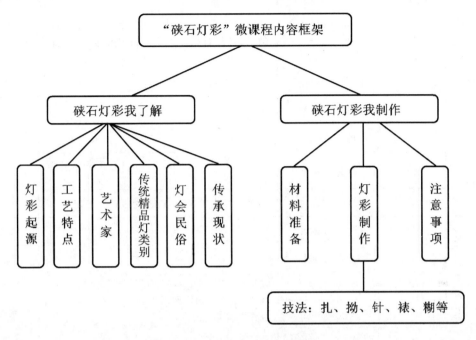

图2-13　硖石灯彩微课程内容框架①

这个课程框架将课程内容分成两部分,一是关于硖石灯彩的相关知识,包括起源、工艺特点、艺术家、传统精品灯类别、灯会民俗及传承现状等,实际涵盖了硖石灯彩的历史起源、基本特点及灯彩的文化。二是实践操作部分,让学生动手学习制作硖石灯彩,其中包括了所需的材料、制作的基本技法以及注意事项等。根据上述课程框架,任课教师提炼每个部分的重点,制作成了微视频,具体视频内容如表2-13。

表2-13　小学五年级"硖石灯彩"微课程视频内容②

单元编号	知识点编号	微课名称	知识点描述	目标类型
01	01	灯彩起源和发展	了解"硖石灯彩"悠久的历史和艺术成就	了解
	02	灯彩制作特点	对灯彩的八大技法有简单认识,知道灯彩作品的艺术特点	了解

①朱娟芳,非遗"硖石灯彩"微课程的开发实施策略,http://www.zhsjhdw.com/show.aspx?tid=35&nid=3806访问日期:2020年7月2日,选入时略有改动。
②同上。

表 2-13 （续）

单元编号	知识点编号	微课名称	知识点描述	目标类型
02	01	六角纱灯（拗）	采用传统手法，用皱纸绕过铁丝，利用纸绳拗、扎灯彩骨架。用绸布裱糊灯面，并进行灯面装饰	掌握
	02	六角纱灯（扎）		掌握
	03	六角纱灯（糊）		掌握
	04	六角纱灯（绘）		掌握
	05	六角纱灯（装饰）		掌握
03	01	灯彩艺术家	查阅相关资料，走访相关人员，了解灯彩传承人的相关信息	了解
	02	灯彩博物馆	参观灯彩艺术家作品，感受灯彩流光之美	了解
04	01	茶壶灯（设计）	收集废旧透明塑料瓶，作为壶身。设计茶壶灯图纸，并运用"刻、针、裱、绘、糊"等技法，制作茶壶灯	掌握
	02	茶壶灯（刻）		掌握
	03	茶壶灯（针）		掌握
	04	茶壶灯（绘）		掌握
	05	茶壶灯（糊）		运用
	06	茶壶灯（装饰）		运用

该微课根据学生心理特点，遵循从易到难的递进式过程，在内容上同样包含了知识类和制作类两大类别。其中 01 和 03 单元为知识类微课，让学生了解灯彩的历史和发展、工艺特点，以及硖石灯彩艺术家与博物馆等。制作类微课以"六角纱灯"和"茶壶灯"为载体，由设计到拗骨架、扎骨架、刻灯面、针刺灯面、绘画、裱糊灯彩等系列实践技术指导微课组成。特别是在比较难的制作微课上，以一个技法一个视频的方法，为学生课前和课后的使用提供了足够的课程资源。

四、艺术创意设计与制作类拓展性课程

与传统手工艺制作类课程强调"制作"和"传承"不同，艺术创意设计与制作主要偏重艺术领域，强调"创意"与"设计"，以"创意"为基础，对"设计"的强调超越了制作本身。这类课程主要是引导学生在对某一主题充分认知，或对某一艺术形式充分了解与体验的基础上，采用多种艺术手段或多样化的材料进行的艺术化设计与制作，旨在帮助学生认识相关的艺术表现形式，培养动手能力，发展创新思维，提高审美意识与能力。

（一）艺术创意设计与制作类课程的目标与内容设计

艺术创意设计与制作类课程形式多样，从其内容来源的角度，主要包括三大类，一是传统类型的艺术创意设计与制作，二是多种艺术形式的复合性创作，三是以具有时代性的内容为主题进行的艺术创意设计与制作。第一类课程所涉及的内容或艺术表现形式更加"传统"，大部分与传统民间工艺相重叠；第二类强调多种手工制作方式的复合和叠加，有利于锻炼和提升学生的动手能力、创作能力。第三类课程的艺术形式更加新颖，颇具时代性，有些是随着时代发展，围绕一个新的时代主题将诸多常见的艺术形式进行改变、交叉或创新而形成的新形式。虽然三者具有诸多差异，但是最终目标都涵盖了知识与技能、过程与方法、情感态度与价值观三个维度，定位于学生了解主题相关的知识或艺术形式，在学生掌握具体艺术表现形式和操作方式的基础上，更加强调学生用艺术表现的手法进行自主设计与创新，以追求个体的创新为特征。

1.传统类型的艺术创意设计与制作

我国的传统手工艺源远流长，有着顽强的生命力，但随着时代发展，传统手工艺的形制、表意和功用等需要寻求拓展，赋予它们新的生命。因此，教师可以选择这些传统手工艺作为课程创新的基点。这类课程的内容主要基于传统手工艺，但是重点不是对传统手工艺的继承，而是引导学生在对传统工艺了解的基础上进行"创意"和"设计"，所以课程本身是对传统手工艺的延展与创造，帮助其重新焕发生命力。

比如，折纸艺术是我国传统手工艺之一，长久以来形成了诸多具有中国风的折纸方式和形态，有些地方甚至形成了自己独具特色的折纸风格。但是随着时代的发展，当今的折纸已不同往日，既有传统的烙印，又有时代的新意。由于东西方文化的碰撞，以及多种材料的加入，折纸这种昔日儿时的游戏项目多了一些国际元素，折纸甚至成了国际交流的大使，国际上经常可以看到各种著名的折纸展。另外，由俄罗斯举办的国际奥林匹克折纸比赛也为越来越多的人所知，许多小学生也迷上了折纸，我国就有多名小学生在国际奥林匹克折纸比赛上获过奖。所以要开设手工艺术类的拓展性课程，折纸不失为一个好的选择。

折纸课程的开设需要兼顾基础技法和创新能力，中国传统和国际流行风格，所以课程的前期主要以让学生掌握常见的折纸技法为主，可教授一些常见的可模仿的折法，引导学生在模仿练习中掌握基本技法；后期可以以提供主题，或者学生自主命题的方式进行创新训练，发挥自己的创意。期末可以将学生的作品展出，条件允许的情况下，引导学生参加折纸比赛。比如，表2-14是小学高段折纸课程内容设计,供大家参考。

表2-14 小学"有趣的折纸"拓展性课程内容设计

	折纸我知道		模仿练习		创意折纸
四年级	折纸的起源与发展	折纸作品欣赏:我国传统折纸	传统折纸的特点与技法	传统折纸练习:千纸鹤、纸飞机、裤子、帆船、玫瑰花、钢琴	自主创意折纸:动物书签、我最喜爱的水果、我心爱的乐器、生日花朵等
五年级	独具一格的异国折纸	折纸欣赏:多国风格折纸作品欣赏	立体几何折纸的材料与基本技法	立体几何组合折纸练习:流星、向日葵、烟花、蜻蜓	自主创新折纸:节日花束、满天繁星、节日彩球
六年级	国际折纸赛事	折纸欣赏:国际获奖作品欣赏	仿生折纸材料与技法	仿生折纸练习:大象、天牛、茶花、舞蹈者	自主创新折纸:昆虫总动员、动物园、我的小花园、我爱我家

上述课程采用了模块化的设计,虽然跨越了三个年级,但是每个年级都设置了"折纸我知道""模仿练习"和"创意折纸"三个模块,在引导学生模仿练习的基础上鼓励学生进行创意设计。这和折纸本身的特点是分不开的,折纸本身作为一种艺术化的存在,既可以抽象也可以仿真,虽然存在传统化的折纸,但是没有完全规范统一的折法,同一形体根据不同人的理解与折纸技巧,可以以完全不一样的形态呈现。所以,练习是基础,创新才是目的。从内容上看,三个年级内容根据两条线索逐年提升难度,一是关于折纸认识和相关知识的线索,二是折纸的操作工艺线索。

在知识线索方面,我们可以发现从四年级到六年级,"折纸我知道"这个模块本身就自成体系,旨在帮助学生更加深入地了解折纸,爱上折纸,与课程主题"有趣的折纸"相呼应。实际上,在中国,很多人都认为折纸只是一种小孩子玩的游戏而已,将其简单对等于常见的平面折纸。这个模块则带领学生从了解折纸的起源,到具有异国风情的折纸,再到了解折纸相关的国际赛事,且在每一部分都设置了相应的欣赏课程。这个过程既是传统与时代的碰撞,又是多国不同文化的碰撞。

在操作工艺线索方面,我们可以看到,三个年龄段分别聚焦于折纸的一种形式,四年级是传统折纸,五年级是立体几何折纸,六年级是仿生折纸,难度逐级加深。在模仿练习模块都是先了解该种折纸形式的特点、材料和基本技法,然后选择几种较为有代表性的内容让学生进行模仿,之后在创新折纸部分设置相关的主题,让学生利用前面模仿所习得的技巧进行创意制作。为鼓励学生的创新,"创意制作"模块中的主题都相对较为灵活,给了学生很多选择和创造的空间,且这些主题与练习中的内容密切相关。比如四年级的"动物书签"实际上对应模仿练习中的"千纸鹤",引导学生试着用动物的形态制作书签,"钢琴"对应"我心爱的乐器",观察自己的乐器,借用折纸的技巧进行创作。除与练习中的内容相互对应外,"创意折纸"中有些主题实际上是场景式的,要求学生通过制作多个折纸作品进行整体场景的设计,难度上有了较大的提升。比如四年级的"流星"虽然对应于"满天繁星",但是真的要达到"满天繁星"的效果,学生需要采用立体折纸的方法制作多个星星,并选择其他的材料制作天幕,然后将星星镶嵌上去。同样,"节日花束""我的小花园"和"我爱我家"等主题都有相似的要求。只不过在实际教学中,教师可以更加灵活一些,比如变独立作业为小组合作作业,让学生以小组的形式一起合作设计场景,再根据场景需求,分别制作带有不同特点的作品,最后将这些作品一起整合到场景中。

由上述折纸课程可以看到,我国传统的折纸工艺在与时代和其他文化的碰撞中焕发了新的生命力。同样,我国其他的一些传统手工艺在新的时代也产生了发展和创新的需求,有些可能会与其他国家相似的手工艺进行碰撞,从而产生新的形态,而这些创新的需要也正是我们设计课程的基点所在。同时,孩童所独具的想象力和创新力也能在一定程度上推进我国传统手工艺的创新性发展。

2.多种艺术形式的复合性创意设计与制作

传统类型的艺术形式多种多样,比如绘画、编织、剪纸、手工、布艺、泥塑等,相互交叉便可以呈现出崭新的艺术形态。在讲解不同方法和技巧的基础上,教师可通过提供材料、主题等方式鼓励学生进行设计与制作。

这种创新往往可以实现多领域的相互整合,比如,通过构建故事情境,创造大型故事场景,和语言艺术进行整合;与社会环境问题相结合,使其指向多种不同目的和效果。所以这种创新既包括选用材料的创新,同时也包括创作手段、创作意境和创作目的创新。当尝试把不同材料或同一主题的内容糅合在一起时,也正是学生灵感迸发的时候。

杭州市嘉绿苑小学郑雅敏老师针对小学一至六年级学生开设了"儿童创意艺术创造"的课程。该课程最大的特色是采用了多种材料和方式,尝试把综合材料运用到艺术教学中,帮助学生认识和体验各种材料的色彩、形状、质地等,进而创作有创意的艺术作品,提升学生的艺术创造力。其课程目标如下:

(1)尝试探索各种不同的材料,初步形成对各类材料特性的独特认识。

(2)学会选择合适的工具、材料,利用身边容易找到的各种物品,用组合、排列、改变特性等方式进行艺术创作。

（3）通过艺术造型活动，表达自己的思想与情感，提升艺术创造思维与动手能力。

（4）通过对废旧物品的艺术利用和再生，加强环保意识，关注生活，热爱生活，提高生活品质。

由上述目标可见，该课程重点在于学生动手能力、创造性思维与能力的培养，且将艺术造型与环保主题相结合，培养学生环保意识。具体课程内容设计以"创意"为导向，以想象、叠搭、串联、拼贴、扭捏、缠绕、捆绑、变形、排列组合等操作方式为主体进行单元设计，并以生活中常见的不同材料为子课题构建了整体的课程内容框架。

表2-15 "创意艺术造型"课程内容安排一览表[①]

单元	课题	学习目标
起始课	搜集	学会搜集、分类各种创作材料
想象的翅膀	物品的联想	由一件物品展开联想，通过改变方向或张合角度及适当添加，让物品呈现有趣的艺术造型
	塑料瓶动物	由一个塑料瓶展开联想，通过材料的组合，使塑料瓶呈现一种全新的、令人惊喜的动物造型
叠叠搭搭	电子废件酷作	用丰富多样的电子产品废件进行搭叠组合，产生有趣的艺术形象
	边角料	搜集生活中的小铁块等工业边角料，通过叠搭、拼接等方法创造有趣的艺术形象
	杂七杂八	利用同类材料进行巧妙叠搭，创造全新的、令人惊喜的艺术造型
串串连连	各种盖子	利用塑料瓶、啤酒瓶盖、水彩笔帽以及一些辅助材料，通过打孔和串联，塑造有趣的人物、动物等艺术形象
	串一串	用金属丝或棉线串联各种纸棍，并搭配辅助材料，用串联的方法塑造有趣的艺术形象
拼拼贴贴	平面拼贴	搜集或制作各种颗粒状或片状材料，利用材料色彩、质感等特征进行拼贴，创造有趣、有美感的拼贴作品
	立体拼贴	搜集或制作各种颗粒状或片状材料，利用材料的色彩、质量等特征在立体的圆筒、圆锥或其他物体上进行粘贴，创作有趣、有美感的立体拼贴作品
扭扭捏捏	一张纸	用团、捏、扭等手法对一张纸进行立体化艺术造型，创作出简单而意象性十足的艺术造型
	迷幻森林	用团、捏、扭等手法对报纸进行立体化造型，并且彩色纸粘贴或彩笔点描外表，塑造有艺术感的植物造型
	吸管和黏土	用揉、捏、扭、拉等手法充分利用超轻黏土与吸管的可弯曲部分，创造出有趣的艺术造型

[①] 柯孔标、李荆、方凌燕：《拓展性课程开发与实施指南》，浙江教育出版社，2018，第180-181页。

表2-15　（续表）

单元	课题	学习目标
缠缠绕绕	金属丝	用软性的金属丝巧妙地与其他物品缠绕,创作出一个有趣的艺术造型
	绳线和钉子	利用绳线在钉子上的缠绕,创作出别具特色的艺术形象
	绳线和其他	用绳线缠绕其他造型,使这个造型焕然一新
捆绑起来	布片	用绳线对布片进行捆扎,通过巧妙捆扎来创造有趣的艺术造型
	棍子	用绳线捆扎各种棍状材料,利用捆扎出来的形状创造有趣的艺术造型
	绳线	用绳或线扎成捆状,或把绳线捆扎在其他物体上,创作有趣的艺术造型
变形记	盒子	利用报纸给盒子做不一样的外衣,对大小不等的盒子进行组合并添加辅助材料,创作出有趣的形象
	轮胎皮	对轮胎橡胶皮施以剪切、缝、钉等方法,利用材料的质感和色彩特性,创作别具特色的艺术造型
	水晶花	利用废旧塑料饮料瓶,运用剪切、烘烤、扭捏等方法,创造出晶莹剔透质感的"水晶花"造型
排列组合	纸造型	用各种纸张制作一定数量的相同造型,再把这些造型用立体构成的审美法再进行创造性排列组合
	生活物品	理解材料的特性,将一定数量的同一物品利用平面构成或立体构成的审美法则进行创造性的排列组合

　　整个课程方案实现了多种操作方式和多种材料间的相互组合,为创造提供了无限的可能性。且从纵向组织来看,从"想象的翅膀"到最后的"排列组合",对学生操作技能要求不断提高,呈递进式设置。

　　以上课程时间跨度较大,主要侧重不同难度的纵向分布。同样,我们也可以从学生的经验出发,选择一些更加贴近学生兴趣的主题,糅合多种操作方式进行课程的设计。比如学生最熟悉的主题主要是植物、动物、偶像人物、建筑、动画片、喜爱的故事等,所以如果要让学生用纸来进行创意制作,就需要了解不同纸的特性及用法,可以参照图2-14所示的思路进行课程设计。

图2-14　"纸的创意"课程设计思路

根据上述思路,针对四年级学生便可以设计如表2-16的课程内容框架。

表2-16 小学四年级"纸的创意"课程内容框架

序号	主题	主要内容
1	各种各样的纸	认识打印纸、卡纸、瓦楞纸、报纸、餐巾纸等不同种类的纸,了解不同纸张的特性与常见用法
2	纸的不同用法	了解以纸为主要材料的手工艺制作的常见方法,如剪、贴、揉、捏、拼接等
3	有趣的植物	通过不同材料纸张与制作技巧的运用,做出有趣的植物造型
4	我最喜爱的动物	通过不同材料纸张与制作技巧的运用,做出自己最喜爱的动物造型
5	我的偶像人物	通过不同材料纸张与制作技巧的运用,做出自己喜爱的偶像的造型
6	伟大的建筑	通过实体、视频或图片等方式观察建筑特征,采用不同材料纸张和制作技巧,做出建筑的造型
7	我喜爱的动画造型	分享自己喜爱的动画造型,通过不同材料纸张与制作技巧的运用,做出自己喜欢的动画人物或其他角色造型
8	我们的故事	小组合作创编故事,采用多种纸质材料和方法再现故事场景,进行全班展示

上述课程内容看似材料单一,只有"纸"这种唯一的材料,实际上材料丰富多样,用了打印纸、卡纸、瓦楞纸、报纸、餐巾纸等多种多样的纸,同时借助了剪、贴、揉、捏、拼接等多种技法,实现了不同材料与不同技法的复合,所以完全不同于传统的剪纸或折纸课程。该课程在内容上首先引导学生了解不同纸张的特点、用法以及具体的操作技巧,然后以上述课程设计思路为依据,选择与学生生活密切联系的主题,从植物、动物、人物、建筑、动画等元素入手,让学生在观察的基础上进行创意造型与制作,且难度也逐渐增加。最后设计了"我们的故事",该内容要求学生以小组合作的形式,先创编故事,然后用不同材料的纸,再现故事场景,实际上是对多种元素的综合利用,将动手、想象与语言发展能力相结合,促进学生创新能力的发展。

3.特定主题的创意设计与制作

艺术创意往往和时代相结合,有些主题具有明显的时代特色,如垃圾分类、生态保护、尊重生命等主题往往可以给予艺术设计和制作以新的时代内涵。所以这类课程设计时:一方面,教师要引导学生观察、了解所用材料的特性,根据材料进行艺术化创作;另一方面,课程开展过程中还要渗透相应主题的教育。同时,教师还可以通过作品展示等方式,鼓励学生利用自己的作品进行主题宣传,从而起到主题宣传的效果。

以环保主题为例,教师可以鼓励学生自主选择生活中的废旧材料,如牛仔布料、毛线衣、易拉罐等,根据这些材料的形态确定制作主题,在创作作品的过程中,实现了材料的循环利用。同时,还可以起到环保宣传的效果。这个过程既培养了学生的创造力,同时培养了环保意识。比如以环保为主题的课程,教师选择了生活中随处可见的废报纸、快递盒、易拉罐、废衣物等为材料,从四个方面分别设计了如表2-17的教学内容:

表2-17 环保主题"好材料不要丢"课程内容框架

单元	主题	主要内容
废弃报纸不要丢	我的雕像	采用揉、捏、染色等方式用废报纸对照照片做出自己的雕像
	美丽的花束	通过剪、折、捏、扎等方式用废报纸做一束美丽的花送给自己最爱的人
快递盒大用处	我的机器人服装	采用剪、粘贴、组合等方式用快递盒做一件自己的机器人服装,并在班级展示
	纸盒城堡	小组合作,用快递盒创作一个属于几个人的城堡,并给城堡命名
小小易拉罐	小小交通工具	通过剪、切、粘贴等多种方式用易拉罐做一个玩具交通工具
	易拉罐DIY	根据易拉罐的特性,小组合作创造作品
废衣物新用法	牛仔裤的妙用	收集家里不用的牛仔裤面料,通过裁剪、缝制等方式制作成布袋、抱枕等
	毛衣毛料好暖和	收集家里不用的毛衣,采用多种剪切、缠绕等手段再加工,做成地毯、帽子、围巾、抱枕等

上述课程共选择了四种材料,每种材料设计了两个主题,且不同主题用到了不同的方法。比如,用废报纸制作时设计了"我的雕像"和"美丽的花束"两个主题,"我的雕像"主要用到了揉、捏和染色等方式,"美丽的花束"则用到了剪、折、捏、扎等不同的技巧。考虑到学生普遍对机器人感兴趣,且纸盒的形状也较适宜做机器人,所以在"快递盒大用处"这一单元中,教师让学生根据纸盒的特性设计个人专属的机器人服装,并进行全班展示。相比其他两个单元,易拉罐和废衣物的制作由于涉及金属的切割与针线缝补等方式,难度较高,所以选择了难度较低,容易制作的主题。如飞机、汽车、火车等都是学生较为熟悉的事物,这类玩具也较多,所以学生有着较为直观的体验,制作时通过一些易拉罐的组合就可以实现,需要切割的较少,所以易拉罐的制作选择了制作玩具交通工具主题,另一个主题则是让学生自由选择感兴趣的事物。

与上述明确的主题不同,废弃的衣服在材质、花色等方面差别较大,所以课程从衣服的不同材料入手,引导学生根据牛仔布和毛衣毛料两种材质的不同特性,以及衣物本身的外形特征,将其设计成牛仔布袋、毛料坐垫等。这类创作既让学生认识到了废物可以重新利用,同时也锻炼了动手能力。

虽然这属于艺术创意与制作类课程,但是"好材料不要丢"本身就是环保的主题,在开展课程中教师需要从材料的选择和处理等方面有意识地培养学生的环保意识。相应的目标可以设计如下:

(1)通过动手加工和操作,了解报纸、硬板纸、金属及布料的特性,掌握与材料相关的知识;

(2)善于观察报纸、纸盒、易拉罐和废弃衣物等物品的形态特征,能根据其形态特征因势利导,进行创意设计和制作;

(3)在制作中熟练掌握捏、剪、切、缝、贴等相关制作技巧,提高动手能力;

(4)能在设计与制作过程中发现问题、解决问题,培养良好的思维能力和创新能力;

(5)在对不同材料的了解过程中,培养环境保护意识,并能主动探索一些环保问题的解决方法。

可以看到,该目标的设计以动手操作为起点,以环保意识培养为落脚点,结合了手工艺制作和环保两方面的目标,既有手工艺制作中关于材料的认识、制作技巧的学习,又有观察能力、思维能力和创造性思维的培养。最终结合本次环保的主题,有意识地对学生环保意识进行培养,并且鼓励学生能够主动探索环境问题的解决方法。比如以下"小小交通工具"的教学设计,在导入、教授与总结部分教师都注意了对学生环保意识的培养。

易拉罐制作"小小交通工具"教学设计

设计理念:

保护环境是每个公民应尽的责任,环保意识应该从小培养。日常生活中随处可见被丢弃的物品,只要动一下手,就可以做成各种有趣的装饰品、玩具或其他有用的物品。易拉罐就是其中的一种。空易拉罐的手工制作经常会用到捆绑、拼接、切割等多种方式,本次课程选择了"小小交通工具"这一主题,一是因为学生对交通工具相对熟悉,二是这类制作相对较为简单,较少用到切割的方式,降低了制作的难度。期望通过引导学生掌握易拉罐手工制作的步骤、方法和技能,培养想象力和创造力,在提高动手能力和造型能力的同时,也能培养学生废物再利用的意识,促进资源的有效利用,减少垃圾带来的污染。

教学目标:

1.通过观察和制作,认识和了解易拉罐的材质和特性。

2.通过对交通工具的观察,了解不同交通工具的特征,培养观察能力。

3.掌握空易拉罐手工制作的步骤与方法,能熟练采用组合、切割、粘贴等方式制作交通工具,提高动手能力和制作能力。

4.能在已有交通工具的基础上,通过组合、变化等多种形式,创造拥有自己个人特色的交通工具,培养想象能力和创新能力。

5.在动手制作中树立资源再利用的意识,增强环保意识。

教学重点:能利用空易拉罐制作交通工具的模型。

教学难点:能合理利用空易拉罐的外形和材质特征,体现交通工具的特征。

教学准备:范作、空易拉罐、小刀、剪刀、胶带纸、彩色笔。

教学过程:

(一)欣赏导入,了解空易拉罐手工制作

1.易拉罐作品欣赏。

教师出示各种易拉罐作品,引导学生说说这些都是用什么材质制作的。

2.讨论生活中空易拉罐的去处,培养环保意识。

教师引导学生说说平时生活中的空易拉罐都去哪里了,让学生意识到不要乱扔空易拉罐,它不仅可以回收,而且可以通过动手制作,变成艺术品。

3.小结:空易拉罐是我们生活中常见的物品。平时,我们总是随手将它扔进垃圾箱。今天,我们要废物利用,将它制作成各种美丽的工艺品——小小交通工具。(板书课题)

设计理念中整合了环保意识的培养。

目标中整合了环保意识的培养。

在手工制作正式开始前让学生意识到这不仅是一次手工作业,同时也是一次环保之旅。

（二）了解交通工具的特征,讨论如何用空易拉罐体现这些特征

1.观察常见交通工具,了解这些交通工具的特征。

教师出示常见的交通工具,如轮船、飞机、汽车、高铁等,讨论这些交通工具的特征。

2.观察范作,讨论特征。

观察空易拉罐交通工具作品,讨论这些手工作品有什么特征？它们是如何利用空易拉罐的特点体现交通工具特征的？有没有在原有交通工具的形象上进行一定的创作？

（三）教师示范,了解制作过程

1.观察范作,学生讨论总结制作方法。

教师引导学生观察范作,总结制作方法。(板书:剪切、折卷、折叠、拼接、添画等。)

2．教师讲解并示范制作过程。

教师选择一种交通工具,示范制作过程,并讲解制作技巧。

（1）构思设计:抓住事物的外形,进行简化概括,忽略细节,并大胆地夸张其特征。

（2）剪切:根据构思,对易拉罐进行剪切,但要注意安全,不要让小刀或易拉罐伤了自己的手。

（3）粘接:用胶带纸将易拉罐各部分拼接成形,注意要牢固。

（4）添画:用彩色笔对粘接好的易拉罐进行添画,使其形象更生动、完整。

3.制作过程中相关问题的讨论。

（1）教师提醒在用到切割方法时注意安全,不要割伤手指。

（2）讨论:切割下来的易拉罐碎片是什么垃圾？应该扔到哪个垃圾桶？

（四）学生自主构思,并动手制作

1.学生自主构思,设计方案。

教师引导学生观察教材中的范例,谈谈自己的构思

学生动手制作前融入垃圾分类的相关知识,帮助学生养成良好的习惯。

设计,并可以画一下草图。

2.学生动手制作,教师巡视指导。

学生根据自己的构思进行制作,教师进行指导,并提醒学生合理处理切割下来的边角料。

(五)作品展示,讨论总结,培养环保意识

1.学生展示介绍自己的作品,互相评价。

2.教师对学生的作品进行评价。

3.教师总结。

同学们用自己的巧手给了空易拉罐第二次生命,使它们成了大家喜爱的手工艺品。生活还有很多的资源都是可以再次循环利用的,希望大家都用一双善于发现的眼睛去发现它们的价值。

在学生制作过程中,教师除了对制作进行全程指导外,同时也关注了学生对于回收垃圾的处理问题。

总结部分从易拉罐的回收升华到其他可循环利用的资源,鼓励学生去发现和开发。

由上述案例可见,虽然该主题是"小小交通工具",但是由于所用的材料较为特殊,本身就自带了废物利用的环保主题,所以教师一开始就特别注重环保意识在课程中的灌输,并且将其作为课堂教学的一个重要目标。教学设计中,从主题的导入开始,到制作过程的引导,再到总结时的升华,从所用材料的来源,到制作中多余边角料的处理,都反复引导学生关注资源的再利用、垃圾分类等环保话题,自始至终将环保教育融入每一个环节。所以对于这种特定主题的手工制作,教师不可一味地强调单纯的手工制作,而是应该从一开始便要明确目的,以手工制作为载体,以主题主旨为目的,全面融入课程设计和教学过程。

(二)艺术创意设计与制作类课程的具体实施

艺术类创意设计的开展过程往往存在一定的流程差异,最明显的一个表现就是有没有设计图纸。一般来说,越复杂的设计越需要制订周密的计划,绘制设计图纸。但是也不尽然。不需要设计图纸的艺术设计主要有三种情况:一是艺术作品形式较为随性,创作者可以直接将想法和创意物化,这类艺术想法往往天马行空;二是作品本身比较简单,不需要借助图纸就可以完成;三是虽然从作品的形式和难度看,需要提前设计图纸,但是由于创作者本身能力较强,所以可以跳过图纸设计这一环节,直接将其制作出来。

因此,艺术创意设计与制作类拓展性课程的实施流程就存在了两种不一样的路径:一种是开展过程中不需要绘制设计图,主要是因为艺术形式的特点不适宜绘制设计图,或者是制作难度较低;二是在正式制作前必须要求学生有充分的准备,制订计划,绘制较为精细的图纸,主要是作品较为精细,制作较为复杂,或者对于学生来说,作品本身的难度较高。所以,以下根据制作过程有无设计图纸将课程的实施分为简单形和复杂形两种,分别进行讨论。

1.简单型艺术创意设计与制作的实施流程

简单型艺术创意设计与制作往往采用一步到位的方法,不需要经过设计图纸的流程。但是不需要设计图纸不是不需要做计划,一般主要经过如下流程:了解艺术设计的形式,掌握制作技巧;选择与确定主题;手工制作;展示交流与评价。制作可以是独立完成也可以是小组合作完成。

比如,纸雕塑是当前一种较为流行的艺术创作方法,其制作过程往往较为随性。如果我们要在四年级开展名为"我的雕像"的纸雕塑设计与制作课程,让学生根据自己的照片,利用废报纸和颜料给自己设计一个雕像,则可以不要求学生绘制图纸。由于每个人对自己的解读不一样,人物形象具有不可物化性,而且通过揉、捏等方式,报纸也将充满可塑性,所以这是一个充满无限艺术性的创作,需要学生将对自己特征的理解和想象结合起来,而绘制图纸只会限制学生的创作灵感。因此实施过程中,教师可首先呈现作品案例,比如教师自己的纸团雕像,并现场示范或视频讲解制作过程,帮助学生掌握相关技巧;接着引导、启发学生讨论并确定自己要制作的人物形象及其特征;然后学生动手制作,教师个别指导;最后引导学生交流、评价和展示等。这个过程中教师的重点在于帮助学生掌握纸团雕像的制作方法,知道如何体现人物的特点。这些都可以不用提前绘制设计图纸便可完成。

小学四年级立体纸雕塑"我的雕像"教学设计

设计意图:

报纸在生活中随处可见,但是实际上它是一种很好的手工艺制作材料。只要能掌握一定的方法,就能用报纸制作出各种各样的纸雕塑作品。本课以制作自己的雕像为主题,旨在引导学生掌握利用报纸制作立体雕塑的方法,在制作过程中通过观察、交流等方式发现自己的特征,并且利用夸张等艺术表现手法尽可能地表现出自己的特征。同时,也可以培养学生废物利用的环保意识,鼓励他们利用生活中的常见材料进行艺术创作。

教学目标:

1.掌握利用报纸制作立体雕塑的一般步骤和方法,知道制作过程中的一些技巧。

2.能通过观察、交流等方式挖掘自身的特征,并能采用适当的方式,对自己的特征或细节进行刻画,尽可能地表现本人的特征,提升观察能力、问题解决能力和艺术表现能力。

3.在欣赏和制作纸雕塑的过程中培养对艺术美的感受能力,提升审美能力。

4.通过报纸再利用制作纸雕塑的过程,提升资源循环利用的意识和环境保护意识。

教学重点:纸雕塑的制作方法;对自己的特征的观察和表现。

教学难点:利用适当的手法来表现自己的特征。

教学过程:

(一)作品导入,激发兴趣

1.展示各种纸雕塑作品,包括人物、动物、植物及其他物品等,引导学生欣赏、感受纸雕作品的美。

2.揭示材料,激发学生兴趣,培养环保意识。

先让学生猜一猜,然后教师展示制作材料——废报纸。引导学生明白废报纸也有大用处,废物利用同样可以创造美。

3.教师展示自己的纸雕像,导题,激发学生制作兴趣。

(二)观看视频,学习制作过程

1.视频播放教师制作纸雕像的过程,学生观看。

2.讨论:制作纸雕像包括了哪些步骤?

3.归纳总结:把报纸揉成想要的形状—外面涂上白色的颜料—根据人物特征上色。

4.教师提示制作的辅助技巧。

教师利用手中的范例讲解纸雕塑制作过程中一些辅助性技巧,比如:有需要的时候可以简单勾画一下草图;为了使报纸的形状达到理想的效果,可以借助胶水、贴纸等工具以及拼接等手段。

(三)观看范例,讨论制作细节

1.教师提问:大家已经了解了基本的制作过程,那么我们怎么样才能把纸雕像做得惟妙惟肖呢?

2.学生讨论,教师引导。

引导学生明白可以利用镜子仔细观察自己、了解同学眼中的自己有什么特征,结合对自己的了解,牢牢抓住头发、脸型、眼睛、鼻子、嘴巴及其他的细节特征来表现自己。

3.教师利用范例作品来介绍自己是如何来突出自己的特征的。

教师可以适度利用夸张等方法来有效突出自己的特征。

（四）观察特征，制作雕像

1.学生利用镜子观察或和同学交流，寻找自己的特征。

2.交流自己的想法和思路。

教师引导学生说说自己的特征是什么，想采用怎样的方法来突出自己的特征。

3.学生制作，教师巡回指导。

（五）作品分享与交流

1.学生展示自己的作品，介绍自己作品的特征。

2.学生互相评价。

（六）拓展与延伸

引导学生课后利用废报纸制作同学或其他人的雕像，并将其作为礼物赠送给雕像本人。

由于纸雕塑本身的艺术性与个性化较强，很难通过图纸的形式来指导制作，所以该案例中虽然教师在讲到制作技巧时有提到可以采用画一下草图的形式来辅助制作，但是并未多做强调，只作为学生自由选择的选项。但是鉴于其艺术化的特征，在观看视频，学生已经基本掌握了纸雕塑制作步骤与方法的基础上，将重点更多放在了如何观察与发现自己的特征，以及如何采用合适的表现手法体现这些特征之上，在艺术审美与艺术表现能力的培养方面花了更多的时间。这种安排实际上指向了表现性目标，即希望学生最后的作品是具有个性的，而非千篇一律的，因而制作过程中并未对学生做过多的束缚。

2.复杂型艺术设计与制作的实施流程

一些工序较为复杂，难度较高，比较精细的艺术创意作品，往往需要学生设计详细的图纸，其流程如图2-15所示。

图2-15 复杂型艺术设计与制作的实施流程图

首先，由教师带领学生感知该艺术的表现形式，通过示范等方式了解操作技巧等相关要素；其次，由学生根据自身的兴趣和特长，选择主题，制订制作计划，明确步骤；再次，学生根据自己的想法设计图纸，落实相关细节；接着学生根据图纸进行手工制作，教师个别指导；最后，学生展示成果、交流、评价。如图2-15所示，"设计图纸"这一环节在整个过程中起着承上启下的作用，承接着对主题的理解、细化，帮助学生理清思路，是动手制作的基础，使制作过程更加流畅。

比如前述"纸盒城堡"的主题,由于要用到大量纸盒,且纸盒本身体积较大,操作有一定难度,所以一开始便需要明确设计方案,清楚制作的细节,以免中途反复拆解,浪费材料和时间。另外,纸盒的形状一般较为规整,城堡形象和纸盒相结合,绘制设计图纸也较为容易,过程中加入绘制设计图纸能保障活动的更好开展。所以在学生正式制作前,教师首先需要引导学生认识到绘制图纸的重要性,帮助他们掌握绘制图纸的方法,然后根据图纸选择不同大小、材料和形状的盒子进行城堡搭建。整个过程中,绘制图纸既是学生的一个学习机会,同时也能节省时间和材料。

以下为一小学三年级"我们的纸盒城堡"教学设计,这个教学设计不同于一般教师讲解、示范,学生动手制作的过程,而是特别增加了一个绘制图纸的环节。

小学三年级"纸盒城堡"教学设计①

教学目标:

1.在动手制作中,观察了解纸盒的不同材料、形状与特点,掌握利用纸盒进行组拼、剪挖、粘贴等方法与技巧。

2.了解城堡及建筑的相关知识,培养对建筑的兴趣。

3.小组合作中学会协作分工,掌握制订计划、绘制方案和执行方案的过程,培养分析问题和解决问题的能力。

3.在动手搭建的过程中,形成废物循环利用的环保意识。

教学重点:组拼、剪挖、粘贴、装饰的方法。

教学难点:绘制图纸,根据图纸寻找材料,搭建城堡。

教学准备:纸盒、泡沫板展台、剪刀、双面胶。

教学过程:

(一)谈话导入,激发兴趣

导入部分。

1.谈话:小朋友们,平时家里废旧的纸盒都去哪里了,有什么用?

2.揭示课题:纸盒城堡。

(二)欣赏各种各样的城堡造型,初步感知城堡的特点

1.出示范例"城堡",老师边讲故事,边出示自己制作的城堡,介绍城堡的造型和功能。

---

①湘教版美术三上《纸盒城堡》教案设计,https://www.docin.com/p-2472284445.html,访问日期:2020年7月2日,收入时有较大改动。

2.欣赏各种城堡,感受城堡外表特点,包括屋顶、城墙、柱子、楼梯及其变化多样的组合等。

（三）深入研究城堡特点,分析制作方法,学习选择合适的盒子采用多种技巧学习制作,辅以教师示范

1.出示城堡图片,分析城堡各部分的制作方法。

（1）观察城堡主体的形状,学习选择合适的盒子制作。

（2）观察城堡围墙特点,学会用薄的纸盒制作围墙。

（3）观察城堡大圆柱,学习通过对纸盒的拆、卷、粘等方式制作大圆柱。

（4）观察城堡中比较细的带棱角的柱子的特点,学习用细长的纸盒搭城堡柱子的方法。

（5）观察城堡的楼梯特点,学习用小纸盒搭楼梯的方法。

（6）观察城堡的门、窗等特点,学习用剪、挖、画等方式进行制作。

2.观察不同的城堡图片,观察城堡不同部分的组合形式,学会其形式和高低层次的变化。

3.观察不同城堡图片,学会采用画、贴等方式美化城堡。

4.出示教师的城堡设计图纸,引导学生学习用图纸帮助设计与制作。

（四）分组讨论,制订方案,设计图纸

1.教师下发任务表格。

（　　　　）小组城堡制作方案

城堡名称	
城堡的描述	
人员分工	
具体实施方案	
城堡图纸	

2. 分组合作、讨论,明确分工,确定城堡的整体风格、形式,制订方案。

3. 绘制城堡设计图纸,比如柱子的形状等细节都会影响到制作,所以图纸绘制必须要关注细节。

4. 在图纸的基础上,分析每一部分所需纸盒形状、大小及具体做法。

5. 进一步细化分工协作方案。

6. 根据图纸,回家通过各种渠道寻找所需纸盒。

(五)分组制作城堡,搭建成型   手工制作。

根据图纸和方案,分工协作,搭建城堡。

(六)成果展示,交流分享

分组展示自己小组的城堡,介绍城堡的名称、特点及功能,并互相评价。   展示、交流、评价。

"纸盒城堡"虽不是技术类的制作,偏向于艺术的创意设计与制作,但是由于其材料与目的的特殊性,制作过程中教师下发了任务纸,上面列出了清晰的计划要素,并要求学生绘制设计图纸。项目开始时,教师首先引导学生初步感知不同城堡的风格和形式,以分解和示范的形式帮助学生深入剖析城堡的主体、围墙、柱子、楼梯、门窗等具体细节,了解制作时可以选择的纸盒材料,掌握制作方法。然后以自己的城堡图纸为范例,引导学生感知设计图纸的好处以及绘制的方法。在此基础上,教师下发任务表格,以小组合作的形式,引导学生分工协作、制订方案。且在任务表格上特别增加了城堡图纸的绘制一栏,帮助学生掌握图纸的绘制方法,同时也为下一步寻找合适的纸盒提供了条件。由于增加了图纸绘制这一步骤,使得整个制作过程更加高效、精细,同时也让学生少走了很多弯路。

五、技术操作与设计类拓展性课程

虽然和艺术创意设计与制作类一样强调"创新"与"设计",但技术操作与设计类课程更加偏向于技术而非艺术,以"技术"为着眼点,和传统意义上的"发明"更为接近。技术是人类改造自然以满足需要的一种手段,它以"发明"为目的,以动手操作为特征。随着科学技术的快速发展,人们的日常生活越来越离不开技术,能否熟练操作和使用日常生活中的技术已经成为一项基本生活技能。所以,如何有效提高学生的技术素养已经成为当前我国基础教育面临的一个重要问题。所谓技术素养是指对技术的使用、理解、评价和管理能力。①而目前我国只有在高中阶段设置有通用技术,小学并未设置相关课程。所以,一方面我们可以将技术教育渗透到科学等相关课程中,另一方面可以尝试开设相关的拓展性课程全面融入技术教育,提高学生技术素养。

(一)技术操作与设计类课程的目标

一般来说,在制订涉及技术操作与设计的课程目标时,教师往往会容易偏向于学生对操作技巧的掌握,而忽视了其他方面的目标。实际上技术操作与设计类课程虽然以技术实践为主要形式,但是应始终坚持以培养学生技术素养为目标。所以,设计此类课程时教师首先应全面理解技术素养的结构与内容,正确设计目标,合理选择内容。

1.技术素养的内容与结构

技术素养并不是一个扁平化概念,而是一个多维度的立体结构。综合来看,我们可以从内容、要素与领域三个维度将其理解为一个包含了表层结构、深层结构与领域结构,以技术设计为核心的多维立体结构,如图2-16所示。

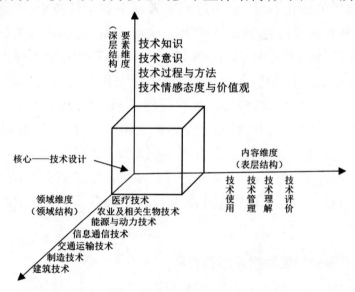

图2-16 技术素养的维度与结构图

技术素养的内容维度,即从人为主体、技术为客体的角度,将技术素养解读为使用、管理、理解和评价技术的能力,也可以称为技术素养的表层结构。使用

---

①国际技术教育协会:《美国国家技术教育标准:技术学习的内容》,黄军英等译,科学出版社,2003,第9页。

技术是指个体运用、操作技术的能力;管理技术表现为个体在技术操作、思维方面的综合能力,以保证技术可以顺利运转;理解技术表现为个体对技术、技术与文化、技术与社会关系的理解;评价技术主要表现为个体对技术的认识与鉴别能力。[①]设计课程目标时,我们经常容易过分关注技术的使用和操作,而忽视了对技术的管理、理解和评价能力的提升。尤其是如果没有对技术的评价能力,最终将可能导致严重的技术伦理问题。

技术素养的要素维度,即结合技术特性与人的认知方式对其维度进行划分。《从技术角度讲:美国人为什么需要更深入地理解技术》一文以三维立体坐标的形式将技术素养分为知识体系(Knowledge)、思考和行为方式(Ways of Thinking and Acting)、能力(Capabilities)三个方面。[②]从适于课程目标和内容设计的角度我们可以分为技术知识、技术意识、技术过程与方法、技术情感态度与价值观四个方面。其中:技术知识是最基本的要素,是其他要素的基础;技术意识表现为对技术的敏感性,能够主动选择技术去解决问题;技术过程与方法是指思考、解决技术问题的方式方法,特别是技术设计的方法,是技术素养的核心部分;技术情感态度与价值观是指个体对技术所持有的主观体验,主要表现为能否正确看待和评价技术,这是防止技术异化的关键。可见,技术素养不仅包括静态的技术知识,也包括动态的技术过程与方法,不仅含有外显的技术知识、技术过程与方法,也含有内隐的技术意识、技术情感态度与价值观。目标设计时需防止过度偏重技术知识,同时要加强学生的技术与工程实践,注意培养学生正确看待技术发展对地球与人类生活所带来的双重影响。

技术素养的领域维度,即从技术世界所包含的领域进行划分。《美国国家技术教育标准:技术学习的内容》一文将技术设计世界分为医疗技术、农业及相关生物技术、能源与动力技术、信息通信技术、交通运输技术、制造技术、建筑技术七大领域,已基本概括了技术各大领域。[③]这个维度提示我们在开设技术教育的相关课程时需注意不同领域内容的平衡性。当前小学已经开设有专门的信息技术教育课程,但是其他六大领域则相对较弱,在开设拓展性课程时可以更加关注其他领域的教学。

---

①翁秀平:《融入技术素养的小学科学教科书编制研究》硕士学位论文,浙江师范大学教师教育学院,2009,第15页。

②National Technological Literacy Council, National Academy of Engineering, National Research Council. *Technically Speaking: Why all Americans need to know more about technology.*(National Academy Press, Washington, D.C:2002)PP.14−16.

③国际技术教育协会:《美国国家技术教育标准:技术学习的内容》,黄军英等译,科学出版社,2003,第137页。

2.技术操作与设计类课程目标的设计

由于实践操作具有一定难度,且对于技术素养本身的认识不足,技术教育类课程在开设时教师很容易将其理解成静态知识的传授,或者是简单的动手制作过程。所以,技术素养各个维度实际上为课程目标的设计提供了一个检视的角度。

技术操作与设计类课程目标设计时教师需注意平衡好各方面的关系:

(1)从技术素养的各个维度出发,权衡技术素养各个要素的相对平衡性。

技术教育目标的设计并不是盲目的,而应从学生技术素养培养的角度进行综合考虑。这些关系无外乎就是技术的使用、管理、理解和评价之间的平衡,技术知识、技术意识、技术过程与方法和技术情感态度与价值观之间的平衡,以及技术的七大领域之间的平衡。但这种平衡不是绝对的,教师应根据主题、学生的年龄特点,以及课程开展的现实条件,综合衡量。

以家电使用类课程为例,能熟练使用常见家电是现代人的必备技能,在小学低段开设相关课程时在目标上应更偏向于引导学生掌握常见家电的操作和使用方法,正确认识和感知这些技术给生活带来的影响。如每年夏天,总有很多学生因为空调使用不当而患了感冒。为引导学生正确使用空调,教师可以在一、二年级的拓展性课程中设计"我会用空调"的活动,目标设计如下:

①认识生活中常见的空调类型,包括挂壁式空调、立柜式空调和中央空调等。

②了解空调使用给人健康带来的利弊,以及变频空调和定频空调对人体健康的不同影响。

③掌握空调使用的相关技巧,比如风向调节、定时、睡眠模式的使用等。

④掌握使用空调的注意事项,比如开窗通风以及常见问题的应对等。

上述课程由于针对的是低龄段学生,受学生年龄和现有知识水平的限制,不需要让学生理解技术原理,重在引导学生掌握空调的使用方法和注意事项,以及感知空调技术给生活带来的便利。从技术素养的内容维度看,主要偏向于技术的使用和评价;从深层结构来看,主要偏向于技术的过程与方法,在技术领域方面则选择了制造技术。但是如果把相似的内容放到高龄段,目标设计上则需要做出一定的调整,除掌握空调的使用技巧外,还可以融入技术工作的原理,比如空调的制冷原理以及该项技术对自然环境的影响,比如空调所用的制冷剂氟利昂对环境的影响,以及近几年该项技术的发展。可以制订以下目标:

①认识空调的类型及其基本结构。

②理解空调的工作原理,包括制冷和制热原理。

③熟练掌握空调的使用技巧,了解空调使用中的注意事项。

④知道空调制冷剂给环境带来的不利影响,能主动获取当前该技术的发展情况。

⑤感知现代技术给人类带来便利的同时,也给环境带来了沉重的负担,培养环境保护意识,能正确地看待技术与社会、自然的关系。

上述目标与低龄段相比,发生了很大的变化。虽然依旧需要学生掌握空调的基本使用技巧,但是在使用前要求学生先了解空调的工作原理,在了解工作原理的过程中了解空调的使用对大自然带来的负面影响,进而从更广的角度帮助学生建立起对技术的辩证看法。课程目标明显从偏重技术的使用转向了对技术的理解、管理和评价上,技术知识、意识、技术情感态度与价值观的成分也加重了。

(2)从技术学习和技术创新的角度出发,综合培养学生技术操作能力和技术设计能力。

技术教育中教师应尽量给学生提供动手操作的机会,避免纯理论的技术学习。但是,又不能只停留在操作上,应逐步从操作向"设计"转变。技术的核心是设计,有设计才会有创新,技术设计和科学探究是推动社会发展的两驾马车。

技术设计的学习主要包括两部分:一是需要学生了解什么是技术设计,技术设计具有哪些属性,了解技术设计的过程与方法;二是要求学生经历技术设计的过程,在动手设计与制作中掌握技术设计。所以,这类课程开展时教师既要引导学生学习现有的技术知识,参与技术操作,又要关注学生技术设计能力的培养。技术设计的难度较高,需要循序渐进地学习,小学阶段主要是认识技术设计,并能初步利用技术设计解决一些问题。一般来说,小学低龄段主要以学习现有技术知识为主,初步引导学生认识技术设计,了解技术设计的重要性,知道人人都能进行技术设计。中龄段则需要掌握技术设计的基本步骤与方法,了解技术设计的限制条件等。高龄段时需要学生能结合相应的主题,根据技术设计的原理,初步完成力所能及的技术设计任务。

所以在技术教育类的拓展性课程中,教师不能停留在认识和掌握现有技术上,而应尽量给学生提供接触和操作真实材料的机会,引导他们从生活和学习中寻找问题,在独立或合作学习中催生头脑风暴,讨论想法,研究如何在限制条件下利用技术设计来解决问题,发挥创新与想象力。比如,为了美化环境,小学很多班级都有绿色植物,但是平铺式的摆放往往占据了较大的空间,对于本来就拥挤的教室来说是个问题。另外,一到暑假,这些植物要么由专人照顾,要么由师生带回家,否则只能面临干枯的危险。为了解决这个问题,教师可以引导学生设计一个集摆放和自动浇花于一体的装置。在这个过程中学生要了解班级里的花卉需要浇水的频率和水量,了解当前市场已有的自动浇花器的类型、原理和优缺点,然后根据班级的实际需求设计自己的浇花器,绘制图纸,寻找材料,并动手制作出来。实际操作过程中可以采用分组设计的方式,然后根据现实条件,选择最优方案进一步修改,最后全班参与制作。这个课程的目标可以制订如下:

①了解班级花卉的名称、类型与生长习惯,特别是所需浇水的水量与频率,学会分析和明确技术设计需要解决的问题。

②能通过网络、实地调查等方式了解当前市场上已有花架和自动浇花器的类型、原理和优缺点。

③掌握技术设计的步骤与方法,了解设计的制约条件,能根据实际需要设计花架和自动浇花器,并能对方案进行优化。

④在设计和制作装置的过程中逐步提升技术意识,能主动采用技术设计的方式去解决问题。

由于设计花架和自动浇花器是一个设计类的项目,所以上述目标着眼于学生技术设计能力的培养,从明确技术问题、了解制约条件、掌握技术设计的步骤与方法、优化方案,以及提升技术意识等方面全面提升学生的技术设计能力,同时也涵盖了技术知识、技术过程与方法、技术情感态度与价值观的培养。

(二)技术操作与设计类课程的内容与实施

技术操作与设计类课程虽然都以提高学生技术素养为目标,但是在具体设计时,根据目标和内容的偏重点不同,大体上可以分为三类:一是技术认知与实践类课程,强调对已有技术知识的学习,以学习操作和使用现有技术为主;二是技术创意与设计类课程,重点引导学生认识和学习技术设计,培养学生的技术创新能力;三是以科学与工程实践为主要形式的跨学科课程,这类课程往往涉及技术、科学、数学和工程等学科,为解决某一问题而需要学生综合利用多学科知识,比如由科学(Science)、技术(Technology)、工程(Engineering)、艺术(Art)、数学(Mathematics)等学科共同构成的STEAM课程等。

1.技术认知与实践类课程

技术认知与实践类课程主要是帮助学生"认识"和"操作"生活中的常见技术,学会常用技术的操作、使用与管理。由于受学生认知水平的限制,这类课程的内容主要偏重于日常生活中的常见技术,比如家用电器的安全使用与维护,常见工具和简单机械的认识与使用。但是,实际上这种思维定式极大地限制了课程的内容。根据技术素养的领域结构,我们可以尝试将这类课程拓展到多个领域,比如:结合当地特色建筑,学习和了解建筑技术;结合医院志愿者活动,初步了解医疗技术;结合学农活动或研学活动,学习和了解生物与农业技术,等等。所以开设这类课程时教师不能停留在一般的家电操作与使用上,更需要在一定程度上拓展内容领域,并尽可能与学生的实际生活相结合。

这类课程在设计时可以结合技术素养的三维结构,以三维目标的方式来制订目标。在知识方面,主要是帮助学生认识生活中无处不在的技术形式、知识和原理。如在医疗技术方面让学生了解 B 超的超声技术原理、X 成像原理等,既可以让他们初步了解这些知识,解答生活中的疑惑,同时也能更加正确地看待CT 等医疗技术的利弊;在交通运输技术方面了解磁悬浮等技术,引导学生了解交通运输方式背后的技术支撑;结合食用油的选购,帮助学生了解转基因相关的知识,学习食品安全问题等。在过程与方法方面,主要是帮助学生通过操作来学习相关技术,比如在动手操作中学会家用电器的使用方法,在种地中掌握相关工具的使用及农业技术等。所以三维目标充分体现了技术类课程的实践性。在情感态度与价值观方面,这类课程强调通过对身边常见技术的认知与使用,帮助学生建立起对技术的兴趣,以及对技术双重作用的认知。该课程根据设计与实施过程中所选择的领域及深入情况,大致可以分为三种情况:

(1)多领域的浅层化设计。

这类课程的设计相对较为简单,教师可以尝试将生活中的技术按照不同的类别进行分类和整合。如按照技术使用的场所可以分为家庭、学校和公共场所等,按照技术的领域可以分为医疗技术、农业技术及相关生物技术、能源和动力技术、信息和通信技术、交通运输技术和制作技术等。以不同的类别或线索,结合学生年龄特点,便可以呈现不一样的课程内容设计。如"身边的技术"课程是面向小学中龄段的技术教育拓展性课程(见表3-19),该课程以技术的使用场所为线索,以学生自身为中心,选择生活中常见的技术进行内容设计,从而帮助学生逐步认知和了解生活中常见的技术,使其能更好地适应当今的技术社会。

表 2-18　小学中龄段"身边的技术"课程内容设计

技术应用情境	主题			
家用相关技术	我会用地宝	学习使用洗衣机	社区中的垃圾智能分类系统	土地上的种植技术
学校里的相关技术	学校的广播系统	学校里的建筑	学校的打卡系统	学校的绿化
社会公共场所相关技术	我会用手机结账	医院里的那些诊疗技术	快递的自动分拣系统	我所坐过的交通工具

以上课程根据技术的应用场景进行组织,分为家用技术、学校里的相关技术以及社会公共场所相关技术三类。如果仔细分析,就会发现,除了应用场所的差别外,从技术的领域看,上述课程涵盖了多个不同的技术领域,比如地宝、洗衣机属于制造技术,交通工具、快递的自动分拣系统属于交通与运输技术,手机结账属于电子信息技术,诊疗技术属于医疗技术,而学校里的建筑则属于建筑技术。所以,以上课程实际上是以应用场景为线索,从多个角度对课程内容进行了综合考虑与设计。

一般来说,这类课程在实施中主要关注学生的操作实践,让学生在实践操作中认识技术原理,激发学生对技术的兴趣,在实施过程中没有统一步骤。下文为"学习使用洗衣机"的教学设计,请读者参考。

四年级"学习使用洗衣机"教学设计①

教学目标:

1.学会阅读说明书,掌握洗衣机的操作要领,能用洗衣机清洗衣物。

2.能初步了解洗衣机的结构,区分波轮式洗衣机和滚筒式洗衣机。

3.通过了解洗衣机的发展过程,感受科学技术的进步以及科技发展给人们生活带来的变化,培养对科学技术的兴趣。

教学准备:若干份洗衣机的使用说明书。

教学过程:

一、谈话导入,激发兴趣,了解洗衣机的类别

1.上课前,老师先来做个调查,有多少小朋友家里是用洗衣机洗衣服的?

2.你们家的洗衣机是什么样的? 这些洗衣机有什么不同? 洗衣服的过程一样吗?

二、了解波轮式洗衣机和滚筒式洗衣机的结构及工作原理

1.教师随机展示波轮式洗衣机和滚筒式洗衣机的图片,让学生了解两种洗衣机外观的差别。

2.展示两种洗衣机的内部结构图片,帮助学生初步了解两种洗衣机的结构及其工作原理,然后帮助学生认识到机器是简单机械的巧妙组合。

三、了解洗衣机的发展过程,感受科学技术的进步

教师以绘本的形式给学生讲解洗衣机的发展历程:单缸洗衣机和脱水机—半自动双缸洗衣机—全自动洗衣机—全自动前置式滚筒洗衣机—智能洗衣机。

---

①学习使用洗衣机.https://wenku.baidu.com/view/8b143be2f121dd36a32d828b.html,访问日期:2020年7月7日,收入时有较大改动。

四、学会阅读说明书,掌握洗衣机不同的洗衣模式及操作程序

1.展示不同洗衣机的说明书,在教师指导下分组阅读说明书,总结阅读说明书的方法。

2.根据说明书讨论洗衣机的洗衣模式及其操作程序。

(1)讨论洗衣机的不同洗衣模式及其适用情况,明确不同材质衣物应该选择的模式。

(2)讨论不同洗衣机的操作程序,总结一般的洗衣过程都包括了浸泡—清洗—漂洗—脱水的过程,总结一般的操作方法。

五、学学做做,掌握洗衣要领

1.讨论:一般洗衣服要经过哪些步骤,注意哪些要点?

2.洗衣程序:

(1)按衣物的洗涤标志将待洗衣物分为手洗和机洗,将两种衣物分开,手洗衣物不可机洗;把白色衣物和深色衣物分开洗。

(2)使用洗衣机洗衣前的准备,接上电源、放洗涤剂等。

(3)选择洗衣模式,进行清洗。

(4)断开电源,晾晒衣物,擦拭维护洗衣机。

3.议一议,掌握洗衣小诀窍。

(1)为什么要在洗衣前清理衣物口袋? 如果口袋里有硬金属,则在清洗过程中容易损坏洗衣机内桶,会缩短洗衣机使用寿命。如果口袋里有纸质物,则会沾到衣物上,且容易堵塞洗衣机的排水孔。

(2)怎样选择合适的洗涤剂和护理液? 不同的洗涤剂影响漂洗效果,也适用于不同的洗衣机,护理液可以使一些衣服的颜色更加鲜艳,且更加柔软。

六、拓展延伸

在家协助爸爸妈妈或爷爷奶奶,使用洗衣机洗涤衣物。

现代家庭已经完全被科技所包围,是学生接触现代科学技术最直接的场所,教师要善于从家庭这个应用场景中发现技术教育的内容,既要帮助学生学会操作和使用家庭电器及智能设备,又要激发学生对现代制造技术、智能信息技术等的兴趣,将此作为学生了解技术世界的一个窗口。在"学习使用洗衣机"这一课程中,教师一方面以帮助学生掌握洗衣机的操作等实践技术为落脚点,另一方面又融入了洗衣机的类别、构造及原理等与制造技术相关的技术知识,同时还介绍了洗衣机的发展过程等技术史相关的内容,让学生感受到了现代技术的快速发展,培养学生对现代技术的兴趣。同时,又与生活实际相结合,比如洗衣的小诀窍等,内容来源于生活,又回归于生活,体现了技术服务于生活的理

念,将技术与生活实践密切结合。

同样,近年来,技术更新越来越快,公共场所的一些操作越来越智能化,比如手机扫码支付、社区垃圾分类智能管理系统、医院的自助挂号系统等。教师要学会从生活中发现技术,以此为切入点,帮助学生学会操作和使用生活中的常见技术。

(2)单一领域的深层纵推式设计。

除与学生生活密切相关的技术外,教师也可以借助校外实践基地,或结合研学等活动开设农业、交通、建筑和制作等不同领域相应技术的课程。比如在农业方面,我们一般主要将目标放在学生简单的劳动技能方面,即传统农业的范畴,但是实际上农业技术的发展日新月异,极大地推动了现代农业技术的发展。宁波镇明中心小学就将农业生产的自动化技术引进了课堂面向3～6年级开设拓展性课程"智慧农业小博士",下文为该课程纲要,供读者参考。

"智慧农业小博士"课程纲要[1]

一、课程性质

本课程是在多学科融合的前提下,以农业科学知识普及为主线,应用信息技术的学习方法,注重操作实践的综合实践活动。本课程以农业科学知识作为主要学习内容,并引入使用智能机器人控制农业生产的先进技术,进一步深化机器人课程学习的深度与广度,激发学生的学习兴趣。

二、课程目标

1.学会使用物联网技术解决简单的农业生产自动化问题。

2.树立为祖国农业生产发展发奋图强的志向,培养学生初步的规划能力。

三、课程内容

(一)整体结构

本课程主要以传统的农业生产、农业传统文化、现代农业大生产和物联网科技在农业生产中的应用为基本的学习主题,结合学生当前所具备的生活经验和参与农业科学实验的兴趣,把相关的其他学科知识有机融合在一起,学习一些典型的物联网技术在农业生产中的应用案例。

(二)课时安排

为了保证每一次主题活动中学生能在学习农科知识的基础上,搭建物联网硬件在农业生产中应用的典型实验装置,一般采取每周安排一次60分钟的长课

---

①柯孔标、李荆、方凌燕:《拓展性课程开发与实施指南》,浙江教育出版社,2018,第280页。

时。课程具体安排如下：

主题单元	课程内容	总课时(20)	
第一单元 传统农业	1.历史悠久的农业	1	4
	2.家乡的特色农业	1	
	3.农业与二十四节气	1	
	4.谚语识农事	1	
第二单元 植物的生长环境	5.植物的生长环境	1	4
	6.植物的粮食	1	
	7.植物的家——土壤	1	
	8.粮食工厂	1	
第三单元 现代化的农业大生产	9.农业合作社	1	4
	10.温室大棚	1	
	11.大棚种植	1	
	12.水肥一体化	1	
第四单元 无土栽培技术	13.农业新技术——无土栽培	1	3
	14.有趣的阳台农业	1	
	15.精准化农业生产	1	
第五单元 智慧农业	16.物联网传感器	1	5
	17.智能化灌溉	1	
	18.自动保温	1	
	19.自动补光	1	
	20.自动降温	1	

四、实施建议

本课程以小组团队协作学习为主要学习模式,因此在教学上与传统的课堂教学模式不同,需要采取三段课堂教学模式来实现:

1.多学科知识铺垫环节。

以励志故事或生活问题导入,以任务驱动的学习形式,围绕主题研究主要的技术资料和周边学科知识,以团队协作的模式,借助于互联网平台开展自主学习活动,为进一步的研究学习活动做好多学科知识的铺垫。培养学生自主探索、快速获取知识和信息以及团队协作的能力。

2.相关的农科实验装置的搭建与实验环节。

围绕研究主题,利用配套的农科实验与电子模块套件搭建实验装置,用技术解决农业生产中存在的问题,并进行实验验证。通过实验过程,培养良好的动手能力,以及综合运用最新的物联网技术解决农业生产问题的能力和创新精神。

3.团队展示与评价环节。

在团队协作的基础上,使用各种学生喜欢的表达方式,并以6W(Who、What、Why、When、Where、How)的基本形式展示小组合作的作品;听众以赞赏和批判的视角对产品和团队的表现进行评价。培养学生良好的团队合作能力、较强的语言表达能力和审美能力。

五、课程评价

(一)多维度评价标准

本课程的主要学习方式是动手实践操作,应注重实践过程中的多维度评价标准,注重学习过程与能力的评价。可以从以下几个维度来进行评价:动手能力、受挫力、观察力、自信心、语言表达、领导力、团队协作、审美艺术、创新力。

(二)多维度评价方法

本课程的评价方法也是多维度的。建议从以下三个方面进行评价:

1.发展性评价。

对于个人的评价应"永远和过去的自己作比较",注重学生自身的发展,让每个学生都在原来的基础上有所进步,让每个学生都充满自信。

2.评价对象多角度。

在评价对象上应将个体评价与团队评价相结合,既对学生个体做出评价,又对所在团队的整体情况做出评价。

3.多时空评价模式。

由于每节课都有一个主题性动手实践操作活动,应采取多时空评价的模式。即课堂的过程性评价与阶段性评价相结合,特别注重课堂演讲展示环节的评价,通过师生共享、互相评价提升学生的评价能力。

相比多领域浅层次的设计集合了生活中常见技术的课程设置,上述"智慧农业小博士"课程则只选择了农业技术这一领域,涉及面较窄,但是能在内容上更加深入,实现了纵深式推进。该课程分为"传统农业""植物的生长环境""现代化的农业大生产""无土栽培技术""智慧农业"五大块,综合了传统农业技术和现代农业技术,融合了农业传统文化,同时也结合了物联网科技,在实施中融合了学科知识学习、动手搭建等多种方式,并且结合实践基地,能够帮助学生全面整体地了解农业知识以及现代农业技术,在一定程度上可以有效培养学生对农业技术的兴趣。

所以,上述这种单一领域的课程设置方式能帮助学生深入掌握某一领域的知识与技术,在设计时可以包括该领域的基础知识、技术发展史,目前该领域的技术发展最新情况,以及对社会的影响等。既可以以时间为线索推进,也可以从横向上将该领域的知识分成不同块面进行组织（如图2-17所示）。要注意在实施时关注学生的年龄特点，发挥学生的主动性，防止单一的讲授式教学，尽量为学生提供技术实践的场地，让他们在操作中了解技术，在操作中实践技术。

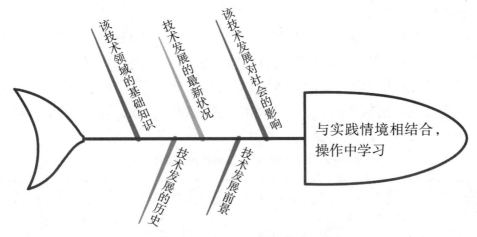

图2-17　单一领域的深层纵推式设计图

（3）专注某一新技术的技术学习与实践课程。

由于科学技术的快速发展，技术领域的迭代速度也加快了，有些技术刚出现不久，便已被时代呈现在每个人的面前。所以，帮助学生了解新的技术也是当代教师面临的一个重要问题。一方面，教师可以关注一些技术的新进展，将内容融入相关的学科课程中；另一方面，也可以以某项新技术为核心，设置专门的拓展性课程，将其引进课堂，帮助学生跟上时代的步伐。

3D打印是一种基于数字模型，能帮助人类快速制造出所需要的模型、零件及相关物品的技术。学习这种技术往往需要一定的计算机三维建构能力，所以对于小学生来说难度较高，可行性较低。但是同样属于3D打印技术，且难度较低，充满趣味性的技术——3D打印笔，则可以不依赖于计算机技术，只要通过手绘图形就能帮助学生建立起三维模型，体验3D打印技术的神奇。所以如果想要让学生了解3D打印技术，3D打印笔无疑是一种更好的选择，目前也有很多学校以此为核心开设相应的拓展性课程。

生活中也有家长自己购买3D打印笔让孩子操作，但是效果不是很理想，主要原因是我们一开始就被其3D效果所吸引，拿到3D打印笔就开始做立体绘图，没有按难度循序渐进。3D打印笔课程设计时必须要考虑两个方面，一是技术本身的难度梯度，二是学生的已有学习经验。一方面教师需要根据3D打印笔使用过程中的技术难度对课程内容进行梯度式设计，比如先学习简单的线条练习和几何平面图形练习，为绘画打下基础，然后学习基本的平面绘画，最后再学习平面立体绘画、曲面立体绘画等高难度的内容。另一方面，需要根据学生的计算机学习情况合理设置学习方式。如果学生已有一定的计算机基础,就可以引导学生借助计算机设计相关图形,再根据计算机图形用3D打印笔制作,但是如果低段学生没有计算机基础,教学时则可以引导学生手绘图纸,或者是直接手绘进行设计即可。

面向小学3、4年级学生开设的拓展性课程"玩转3D神笔"①,旨在引导和帮助学生了解3D打印笔,学习使用3D打印笔来设计不同的物品,包括简单的平面图形、平面立体图形和曲面立体图形等,培养学生利用现代技术解决问题的意识和能力,提升创新能力。现将该拓展性课程的课程设计以表格的形式(见表2-19)呈现给读者,以供参考。

表2-19 "玩转3D神笔"拓展性课程设计一览表

主题	内容	教学目标	课时
工具箱	1.3D绘画工具准备	认识和了解3D绘画的各种工具	1
	2.初识3D		
	3.笔芯耗材		
	4.临摹工具		
	5.修剪工具		
入门篇	1.初次使用	初步了解3D打印笔绘制线条、图形的使用技巧	1
	2.线条练习		
	3.简单的几何图形练习		
	4.图案填充练习		
	5.简单的立体图形练习		
平面绘画篇	1.把"love"秀出来	熟悉3D打印笔功能,练习线条在平面上的描绘,学习简单的立体支架制作	8
	2.走在乡间的小红帽	练习复杂物体在平面上的描绘和图案的填充	
	3.个性书签我设计	熟练掌握复杂物体在平面上的描绘和图案的填充;初步尝试自主设计作品	
平面立体绘画篇	1.彩蝶起舞	掌握复杂物体在平面上的描绘及拼接方式	8
	2.大风车转呀转	掌握物体平面和全立体造型之间的衔接	
	3.弹起心爱的吉他	掌握物体平面与平面之间的拉丝衔接;熟练掌握立体涂面拼接技巧	
	4.星宝的小汽车	总结前面课程,综合训练掌握所学的平面拼接技巧	

①顾亚莉:《让每一颗星星都闪亮:基于"学科+"的拓展性课程活动案例集》,光明日报出版社,2019,第237-242页,选入时有所改动。

表 2-19　（续表）

主题	内容	教学目标	课时
曲面立体绘画篇	1.热气球大冒险	学习骨架造型,熟练立体涂面	8
	2.花样笔筒我做主	学习借助物体曲面直接描绘主体造型	
	3.美丽的小盆栽	学习借助自制模具描绘主体造型	
	4.小雪人挂件	学习借助自制模具描绘主体造型	
创新创客篇	1.飞翔小屋	了解创作一件3D作品的流程和体验团队合作的力量	4
	2.糖果树	熟练创作一件3D作品的流程和体验团队合作的力量	

学生创作瞬间和作品欣赏

　　课堂教学中,教师主要以主题的形式开展教学。提出问题后,在图形模板的设计上,教师根据学生的计算机操作能力,引导学生选择适合自己的方式绘制图形模板。可以手绘设计图形,也可以从网络上下载所需的图片,再利用画图软件进行简单的图片处理。如果学生计算机能力较强,也可以直接用画图软件设计和绘制平面图形,然后将设计图打印出来修改调整。接着根据图形模板,利用3D打印笔打印平面图形,通过拼接或直接创作,形成三维立体模型,经过点缀和装饰,完成作品。教师还要引导学生将设计成果在课堂上与同学们交流讨论,提出可行性建议,微调修改,最后得到完美作品。下文是3D打印笔拓展性课程中"彩蝶飞舞"的教学设计,供读者参考。

"彩蝶飞舞"教学设计[①]

　　一、活动目标

　　1.熟练使用3D打印笔描绘平面复杂物体,以及初步掌握面面拼接方式的技能。

　　2.通过主题探讨、搜集资料、图形设计、作品分享的过程,培养独立学习思考和设计的能力,促进学生应用信息技术解决实际问题的意识和能力,提升创新意识。

　　3.通过对美丽蝴蝶的制作,激发对大自然的热爱。

　　二、活动准备

　　蝴蝶的视频和图片,课件,3D打印笔和耗材,绘纸和画笔。

---

　　①顾亚莉:《让每一颗星星都闪亮:基于"学科+"的拓展性课程活动案例集》,光明日报出版社,2019,第241-242页,选入时有所改动。

三、活动过程

(一)创设情境,揭示本课主题

1.蝴蝶视频导入,给学生呈现一个缤纷的蝴蝶世界。

2.教师揭题:破茧而出的蝴蝶,五颜六色,姿势轻盈,在校园的花丛中穿梭往来,翩翩起舞,把大自然点缀得更加妖娆、美丽,今天我们大家就一起制作大自然的美丽精灵——蝴蝶。

(二)自主探讨,梳理创作思路

1.教师展示蝴蝶图片,学生观察,共同描述蝴蝶的基本特征。

教师:蝴蝶千姿百态,但是它们都有一些共同的特点,谁能来说说?

师生交流。

2.教师根据3D设计原理提问:你们用3D笔画一只平面的蝴蝶已经不成问题,那么怎么让纸上的蝴蝶展翅欲飞、翩翩起舞呢?

学生自主探讨交流,形成创作思路:

(1)利用画图软件、图片处理软件或者手绘设计,画出蝴蝶各个部位的平面图形图稿。

(2)利用图稿,使用3D打印笔绘制蝴蝶各个部位,最后拼接各个部分,完成3D蝴蝶创作。

(3)用平面拼凑三维立体图形的方式创作蝴蝶。

(三)自主实践,引导个性创作

1.学生利用蝴蝶纸模完成蝴蝶创作。

2.学生自主创作,教师巡视指导。

师生交流,探讨设计什么形态、什么颜色的蝴蝶等问题,教师鼓励学生大胆把自己的想法和设计画出来,并做一些3D打印笔使用技能上的指导。学生根据自己的设计,创作个性蝴蝶。

(四)展示分享,完善个性作品

1.学生展示作品,并介绍自己作品的特色,说说最喜欢、最得意的部分和不满意的地方。

2.生生交流,师生交流,取长补短,修改完善作品。

(五)课堂小结,师生交流心得

教师:今天你们有什么收获?学到了3D打印笔的哪些技法?创作过程中遇到了什么样的困难,如何解决的?

(六)拓展延伸

教师展示其他的3D打印作品,比如蜻蜓、鱼等,给孩子一些创作上的灵感,引导他们课后自主设计和制作。

由于上述课程专注于3D打印笔的使用技术，所以整个教学设计贯穿了一条很明显的主线，即3D打印笔的使用方法和步骤。教师引导学生一步步按照步骤完成作品，是一种纯技术化的路径。但是教学过程中有个问题我们不得不面对：如果教学中学生出现一模一样的作品怎么办？教师一开始展示了一张蝴蝶的图片，或一个蝴蝶的3D打印作品，结果有可能导致大部分学生的作品都和这个样品是一样的。这里我们所要面对的是技术操作过程的统一性和技术作品的个性化问题，即如何处理技术和艺术的关系的问题。

要想解决这个问题，我们首先必须要明确的是：即使主体是技术类的课程，我们也应该时刻关注学生个性化的问题，培养学生的创新能力。所以教学过程中，在环节设计、语言引导和师生互动中，教师应注意帮助学生结合自身的经验，设计具有自己独特个性的蝴蝶。上述案例中，教师在利用蝴蝶图片，引导学生描绘出蝴蝶的共同特征，从个性归纳出共性，掌握创作思路的基础上，又注意了从共性向个性转化的过程，使学生完成的作品更加丰盈和个性化。其中，第三个环节"自主实践，引导个性创作"和第四个环节"展示分享，完善个性作品"都突出了"个性"两字。在学生自主创作过程时，教师鼓励学生大胆将自己的想法和设计画出来，而在分享作品时，要求说出自己作品的特色。如果在学生绘制蝴蝶草图前，教师先引导学生说说自己要绘制的蝴蝶的个性特征，将更有利于学生对自己作品的个性化构思。

另外，为了更好地将技术操作过程的学习和学生创新性的培养相结合，在教学目标设计时教师可以采用更多的表现性目标，体现对学生个性的尊重，同时引领整个教学过程。比如上述活动目标可以修改为：

（1）知道3D打印笔使用的基础步骤与方法，熟练掌握使用3D打印笔绘制平面复杂物体的方法，初步学会采用面面拼接方式制作立体图形的技能。

（2）通过观察视频和图片，结合自身经验，能绘制出具有自己独特个性的蝴蝶平面图稿，并利用图稿制作立体的蝴蝶作品，感受蝴蝶的美感。

（3）通过主题探讨、搜集资料、图形设计、作品分享等过程，培养独立思考、解决问题的意识和能力，培养对技术的兴趣和创新的意识。

（4）在美丽蝴蝶的制作过程中，激发学生热爱大自然的情感。

上述第一条目标指向于知识与技能层面，引导学生学会和掌握3D打印笔使用过程中图稿绘制、面面拼接等方法，是纯技术导向的行为目标。但是第二条目标"通过观察视频和图片，结合自身经验，能绘制出具有自己独特个性的蝴蝶平面图稿，并利用图稿制作立体的蝴蝶作品，感受蝴蝶的美感"，则是表现性目标,突出"个性",关注学生已有生活经验,注重引导学生制作出具有个性化的蝴蝶。第三条目标是过程性的目标,指向于学生学习和制作过程中独立思考、解决问题的意识和能力的培养,同时培养学生对技术的兴趣和创新意识。最后一条目标偏向于情感态度与价值观的培养,由学习过程中对蝴蝶这一大自然生灵的探讨、描绘和感受,上升到对大自然的热爱。所以从整体上看,该目标实现了行为性目标、生成性目标和表现性目标三种目标取向的合一,实现了知识与技能、过程与方法、情感态度与价值观三维目标的合一。而在教学的理念上,既关注了学生对技术操作方法的学习,同时又注意结合学生自身经验,突出了学生个性化创新意识的培养,将技术兴趣的培养与对大自然的热爱相结合,是技术学习和人文学习的双重结合。

所以,虽然技术的使用规则或过程是一样的,但是人的思想是各异的,在设计专注于某一技术的教学时,教师可以参照图2-18,以技术的操作方法与过程为线索,以尊重学生的个性和创新为理念,结合学生经验的特殊性和实践情境的多样性,从丰富的现实世界,或多样化的作品中引导学生总结该技术操作的共性,在极具共性的操作过程中,通过情境创设、讨论等方法,激发创作灵感,引导学生找到属于自己的独特个性,创作出独一无二的作品,最后达到技术和艺术的完美结合。

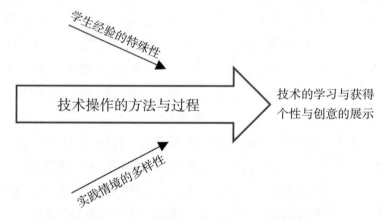

图2-18 专注于某一技术教学的一般教学路径和模式示意图

2.技术创意与设计类课程

相比技术认知与实践类课程指向于当前,侧重于学生认识和学会使用已有技术,技术创意与设计类课程更指向于未来,直指技术"发明"的本质,着眼于引导学生通过创意设计与制作,提升用技术解决实际问题的能力,重点在于培养学生的技术思维、技术创造和技术精神,其难度高于技术认识与实践类课程。这类课程与传统的"小发明"较为接近,但不同于一般的"小制作"。

表2-20对小制作同技术创意设计与制作从不同角度进行了比较。

表2-20　小制作同技术创意设计与制作的比较

差异点	小制作	技术创意设计与制作
出发点	兴趣、主题等	为解决生活、学习或生产中的某些问题
学习过程	利用各种材料剪切、粘贴等	根据科学规律或技术原理,制订方案,设计图纸,制作成实物或模型,或以图纸、论文的形式呈现
成果形态	实物形态	实物、模型、图纸、论文等
目的	培养动手能力、审美能力等	发展技术思维,培养技术创新能力

在学习对象方面,小制作一般更接近于简单的手工作品,以培养学生的动手能力为主,很少涉及科学知识与技术原理,且不以解决生活中的某些问题为出发点。但是技术创意设计与制作类课程的出发点则非常明确,主要是解决生活、学习或生产中的某一问题,往往建立在对某个科学知识或技术原理的认识与利用之上。在学习过程与成果方面,技术创意设计与制作由于较为复杂,往往需要先设计图纸,再根据图纸制作成模型或实物。在一些情况下,由于受到现有条件的限制,只能以设计图纸为最终结果。而手工制作则更多是以实体的形式存在。所以,技术创意设计与制作实际上是一种技术设计与工程实践,属于技术与工程教育的范畴。

由于不同于一般小制作的特点,为了让学生掌握设计过程,除了应当对实施设计方案以便制作一个产品或系统这一过程熟悉以外,还需要获得参与设计所需要的认知性知识和程序性知识。[1]所以在正式课程开始之前,教师需要为学生提供设计及过程相关的知识,主要分为两类:一是设计属性的相关知识;二是设计过程与方法的相关知识。

在设计属性方面,教师需要让学生明白设计是制作一个产品或系统的第一步。要了解技术设计的相关特征:技术设计必须是有目的,有具体的目标,是为了解决某一问题,或者是实现某一功能而进行的有目的的工作;设计过程是一个系统,能把创意转换成完整的产品或系统;技术设计是基于某些特定要求的,设计者或工程师总是在一定的制作条件下工作,它是可以反复进行的,具有创新的,但是它也可能会有多种可能的解决方案。

在设计过程与方法方面,学生必须要明确设计是一个创造性的过程,虽然

---

①国际技术教育协会:《美国国家技术教育标准:技术学习的内容》,黄军英等译,科学出版社,2003,第88页。

不同情况下,其过程会有所差异,但是基本上都包括了确定问题—寻找解决问题的创意或思路—用语言或者图纸的形式绘制和表达创意—做出设计模型—测试设计方案—评估解决方案等步骤。

由于技术设计本身难度较高,且设计所需的时间跨度较长,所以在拓展性课程中,教师可以从孩子的生活与学习实际出发,从现有的技术相关领域中选择某一技术角度,以主题的形式进行课程设计。比如,仿生学是与人类生活密切相关的现代技术,即人们通过研究生物体的结构与工作的原理,并根据这些原理发明出新的设备、工具和科技,创造出适用于生产、学习和生活的先进技术。实际上这种技术既古老又年轻。古老是因为很早之前我们的身边就存在着仿生学的技术或物品,如鲁班发明的锯子实际上就运用了仿生学。年轻是因为随着现代科学的发展,仿生学为我们改变生活带来了无限可能。所以以仿生学为例,如表2-21所示,教师可以从与学生生活联系较为密切的角度选择"身边的仿生学""人类的自我保护装置""工具与机械""交通工具""来自大自然的建筑"等主题在小学高龄段设置课程。

表2-21 "身边的仿生学——大自然的馈赠"拓展性课程内容设计

主题	具体内容
身边的仿生学	了解仿生学的原理以及仿生学给人类生活带来的变化
人类的自我保护装置	了解生活中利用仿生学原理设计的人类自我保护装置;根据生物体的结构与功能工作的原理,设计人类的自我保护装置
工具与机械	根据仿生学原理,从自然界获得灵感,设计可以帮助人类解决相关问题的工具或机械
交通工具	根据仿生学原理,从自然界获得灵感,设计可以解决实际问题的交通工具
来自大自然的建筑	模仿某些生物体的结构和功能设计符合人类需要的建筑

上述课程以"身边的仿生学——大自然的馈赠"为题,帮助学生初步了解仿生学,并根据仿生学的原理,经历技术设计的过程:从生活中发现问题,从自然中寻找灵感,并通过讨论和思考,发挥创意,设计图纸,制作模型或实物。在整个课程学习中,学生既学习了技术知识,又经历了技术设计的过程,掌握了技术设计的方法,同时也培养了技术创新的意识与技术思维的能力。

技术创意与设计类课程的实施一般以技术设计的过程为线索进行,包括确定问题、设计解决方案、绘制图纸、制作模型、实施解决方案、交流评估等。在一些初识技术设计的课程中,将增加技术属性相关知识的导入和介绍,因而大致包括了三部分:主题相关知识的导入与介绍,技术设计的知识,以及为解决某一问题而进行的一系列技术设计过程。其中前两部分主要是知识性的内容，最后是一系列的设计实践。对具有一定技术设计基础的学生授课时，教师可以不单独加入技术设计相关的知识，但在实践操作序列中教师仍需要根据情况逐步强化学生对技术设计的认识以及技术设计的实践性知识。所以这类课程往往会从主题的探讨开始，转而寻找、发现生活中需要通过技术设计解决的问题，发挥各自创意，讨论可行的解决问题方案，分组制订计划与方案，设计产品、绘制图纸与制作模型，制作产品，并就产品进行评价与交流，吸取经验进行改进。

仍以上述仿生学的课程为例，其中"人类的自我保护装置"的内容便可以以这种思路进行如表2-22的设计：

表2-22　小学五年级拓展性课程"人类的自我保护装置"内容设计

序号	主题	具体内容	设计步骤或环节
1	身边的发明——来自自然界的灵感	以生活中相关的发明导入，探讨这些发明灵感的来源，讨论自然界给人类在制作自我保护装置设计与开发方面的启发	导入主题，了解仿生学以及自然界给人类在自我保护方面带来的启发
2	设计能做什么	了解设计的重要性及其相关知识，包括什么是设计，设计有哪些特征，有哪些具体步骤及方法等	掌握与设计相关的知识
3	我们需要的保护	联系生活实际，寻找、讨论生活中需要解决的相关问题，明确设计的目的	确定问题
4	我们的创意与解决方案	头脑风暴，从自然界中寻找解决问题的方法，用语言描述创意，并以小组为单位，绘制设计图	设计解决方案
5	来，一起做模型	根据图纸，以小组为单位，寻找材料制作模型	实施解决方案
6	看看我们的创意	全班展示模型或创新设计图，交流、评价、反馈、修改	交流、评估、修改

自然界的生物通过拟态、保护色及身体构造等各种方式保护自身不受伤害。在人类发展的历史中，人类根据这些特征设计制造了许多保护人类的装置，比如模仿动物的保护色设计了迷彩服，模仿啄木鸟的头部结构制造了头盔，模仿猪鼻子做出了防毒面具等，所以"人类的自我保护装置"课程开展过程中一方面需要学生审视生活，探寻人类在自我保护方面的需求，另一方面尝试从自然界中去获得灵感，帮助自己进行创意设计。课程实施以设计步骤为主线相串联，共分为六大模块，每个模块意图清晰，前期加入了仿生学知识与技术设计知识作为铺垫。在"身边的发明——来自自然界的灵感"板块主要从大的仿生学的角度切入，让学生初步了解什么是仿生学，同时转向人类在自我保护方面从大自然中获得的启发。

第二部分"设计能做什么"主要帮助学生掌握与设计相关的知识,包括了解设计的重要性及其相关知识,如什么是设计,设计有哪些特征,有哪些具体步骤及方法等。经过上述两部分内容,学生已经初步掌握了仿生学的原理以及技术设计的相关知识。第三部分"我们需要的保护"以技术设计的步骤与程序开展活动,让学生在动手中学习。首先让学生联系生活实际,寻找、讨论生活中需要解决的问题,明确设计的目的;然后经过"我们的创意与解决方案",让学生以头脑风暴的形式,从自然界中寻找解决问题的方法,用语言描述创意,互相讨论,并以小组为单位,绘制设计图;接着根据图纸,以小组为单位,寻找材料制作模型;最后全班展示模型或创意设计图,交流评价、反馈、修改。

值得注意的是,如之前所述,由于受创意、材料及场地等限制,这类课程的成果需根据实际情况区别对待,并不是所有的内容都可以以物化的形式体现出来。所以像上述课程中的交通工具或建筑等本身比较大的作品,一方面可以以3D打印、手工模型等形式体现,另一方面也可以以设计图加设计说明的方式呈现。作品本身并不是目的,学生在这个过程中所学到的技术思维方式、技术设计过程与方法才是课程真正的目的。

3.以技术为核心的跨学科课程

随着国际跨学科教育的兴起,STEM、STEAM等课程逐渐被人们熟知。这些课程往往跨越了科学、数学、工程、技术和艺术等多种学科。在这些跨学科课程中,我们也可以找到一些以技术认知、操作和设计为核心的课程。这类课程的开展主要来源于学生日常生活情境或遇到的问题,或者是一些具有大型工程和技术设计背景的项目。虽然跨学科课程是多种学科的综合,但是对于那些偏重于技术的课程,教师可以以技术为出发点或支撑点来设计。

(1)以学生的兴趣或生活现象为出发点,构建多学科的技术设计与实践主题。

技术来自人类生活的需要,学生在日常生活中常出现需要借助跨学科知识解决技术问题。所以,教师需要在学生的日常生活中寻找课程的主题。比如,孩子们天生喜欢动物,很多小朋友都有去过动物园的经历,但是由于动物生活习惯及身体特征不同,所需要的住所也不一样。教师就可以此为切入点,告诉学生动物园要进行一次改造,给动物们建造一个新家,以"动物们的新家"为主题,引导学生结合对动物生活习惯及特征的研究,为不同的动物设计新家。在为小动物设计新家前,学生需要先研究动物的身体特征、生活习性,了解它们对居住的需求,掌握不同材料的功能及不足,通过数学来计算新家的大小,同时兼顾艺术领域的美学元素等。实际上这也是一个考验学生跨学科解决问题能力的过程。

表2-23 小学三年级"动物们的新家"拓展性课程设计

	目的	主题	主要内容
动物们的新家	引导学生学会换位思考,在了解动物的外形及生活习性,特别是心理特征的基础上,从动物需要的角度,综合利用科学、数学、技术、艺术等多种学科知识为动物们设计一个新家,培养学生的环保意识和责任意识	长脖子的长颈鹿先生	1.了解长颈鹿的外形,特别是身高; 2.通过查阅资料等方式了解长颈鹿的活动、饮食等生活习性,特别是其胆小、敏感的心理特征; 3.根据长颈鹿的上述特征,结合美学,为其设计新家,绘制图纸,分析建筑所需的材料及注意事项; 4.采用黏土及其他自然材料制作模型、交流展示
		南极来的企鹅朋友	1.通过查阅资料或走访等方式了解企鹅的生活习性,以及将其饲养在动物园的一般住所设计; 2.根据企鹅的上述特征,绘制企鹅新家的图纸,注意陆地活动区和海洋活动区的不同设计,分析建筑所需的材料及注意事项; 3.寻找水盆、黏土及其他材料制作模型,交流展示
		爱泡澡的河马先生	1.通过查资料等方式了解河马的体型、皮肤特征等生理结构; 2.了解河马的皮肤不能长时间暴露于空气中,大部分时间需要泡在水里等生活习惯; 3.根据河马的上述特征,为其设计新家,绘制图纸,分析建筑所需的材料及注意事项; 4.寻找水盆、黏土及其他材料制作模型,交流展示
		憨憨的国宝	1.了解熊猫的外形特征以及生活习性,特别是饮食习惯; 2.根据上述特征,为熊猫设计新家,兼顾其休息区、饮食区及活动区等,绘制图纸,分析建筑所需的材料及注意事项; 3.寻找黏土及其他材料制作模型,交流展示

从表2-23可以看出,该主题是一个以技术设计和制作为核心的问题解决的过程。学生需要在查阅资料、现场走访等基础上,抓住动物的核心特征,学会换位思考,从动物的角度,而非人类参观的角度,利用建筑学、数学及艺术等多种学科知识来设计建筑图纸,动手制作动物新家的模型。且在整个课程开展过程中,设计的作用远远大于动手制作,每个细节的设计和处理都有充分的依据和目的。

小学三年级拓展性课程"长颈鹿先生的新家"教学设计

设计意图:

参观动物园时,学生们经常会好奇动物住所的巨大差异性,有时也会提出问题:"这样的房子,动物们住得舒服吗?"拓展性课程"动物们的新家"以此为突破口,引导学生根据动物的外形及生活习性,换位思考,为动物设计一个新家。

本次教学选择了外形特征鲜明,且深受小朋友喜爱的动物——长颈鹿。整个过程将探究与设计相结合,以建筑领域的设计为重点,引导学生通过观察、查阅资料、咨询工作人员等方式了解长颈鹿的特点及住所的基本需求,经历技术设计的过程,设计出符合长颈鹿需要又便于大家参观的个性化"新家",帮助学生掌握技术设计的过程与方法,提升学生技术设计与创新能力。

教学目标:

1.通过观察、咨询及网络检索等方式,了解长颈鹿的外形特征与生活习性,以及长颈鹿住所的主要功能和一般特征,掌握获取信息的方式。

2.能进行合理的需求分析,学会换位思考,从长颈鹿生活的角度进行新家的规划和设计,具有一定的创新意识。

3.掌握技术设计的过程与方法,能用绘制设计图纸的方式表现自己的创意。

4.能根据图纸,选择合适的材料制作模型,并根据他人的评价与反馈进行优化。

5.在活动中培养学生用技术解决问题的意识,提升思维能力、创新意识、动手能力与审美能力。

教学重点:能采用合适的方式,将自己的创意通过图纸和模型的方式呈现出来。

教学难点:能够换位思考,从长颈鹿生活需求的角度进行设计。

教学准备:课前要求学生通过参观动物园、查阅信息等方式了解长颈鹿的基本特征及生活习性,观察长颈鹿住所的一般构成;每个学生一个材料包。

教学过程:

(一)创设情境,明确任务

动物园将在一个月后迎来一位新成员——一只长颈鹿。可是,动物园里还没为它准备好新家,你们说该给他准备一个什么样的新家呢? 我们一起来为它设计一个新家吧。

(二)换位思考,需求分析

1.提问,引导换位思考。

大家课前了解到的长颈鹿的家是什么样的? 你觉得长颈鹿喜欢什么样的家?

2.讨论,明确设计需要考虑的因素及制约条件,填写任务单,进行需求分析。

(1)教师提问:要想给长颈鹿设计新家,我们应该要考虑哪些因素?

(2)学生分组讨论,并在任务单里填下影响因素,包括外形(高)、生活习性(比较胆小、敏感),在不影响长颈鹿正常生活的情况下便于游客参观,以及搭建时的可行性等。

三、合作学习,绘制图纸,设计新家

1.头脑风暴,讨论设计想法。

你们想给长颈鹿设计一个什么样的新家?它包括哪些区域?有哪些亮点?

2.展示范例,学习图纸绘制。

教师展示自己的设计图纸,介绍设计思路,引导学生学习如何用图纸来表达自己的创意。

3.小组交流合作,绘制图纸。

小组成员交流各自的设计想法与创意,合作绘制设计图纸。

4.全班交流设计创意,评价与反馈。

小组成员根据图纸向全班介绍自己小组的设计,接受其他同学的质疑和评价。

5.小组成员根据反馈情况进行方案优化。

四、选择材料,制作模型

学生根据设计需要,在材料包里选择相应的材料制作模型,也可以自己从课外选择补充材料。

五、交流展示

全班进行模型展示,说说自己的想法,交流评价。

上述"为长颈鹿设计一个新家"实际上是一个集技术、工程、艺术和数学为一体的跨学科项目,聚焦于建筑和室内环境的设计,学生必须要综合考虑长颈鹿的生活需求、观众的参观体验,以及整体的设计美感等多方面的因素,所以是一个培养学生利用多学科知识解决问题的过程。

整个过程中,学生需要利用实地参观、咨询及信息检索等多种方式获得信息,了解动物园长颈鹿场馆的常规设计、长颈鹿的生活习性,以及游客的参观感受,掌握有效获得信息的方式。然后通过换位思考,结合长颈鹿的生活习性及心理特点,进行需求分析,据此进行建筑外观设计、内部空间布局及内部整体的设计,最后选择相应的材料制作模型。在这个过程中学生将参与科学探究、技术与工程设计、数学测量与计算、艺术创新等多种活动。

值得注意的是,整个方案流程清晰,以技术和工程设计的思路为线索,第一,引导学生换位思考,进行需求分析,确定问题;第二,通过头脑风暴法,寻求解决问题的创意与思路;第三,在教师的引导下以小组合作的方式学习绘制图纸,表达创意;第四,通过全班交流,优化方案;第五,学生小组合作选择合适的材料制作模型;第六,展示模型、交流评估。整个过程可以帮助学生更好地掌握技术与工程设计的流程,在利用跨学科知识解决问题的过程中培养技术设计能力、思维创新能力、动手能力及审美能力。

(2)基于工程项目,以工程项目为载体的STEAM课程。

从世界各国工程教育的发展来看,工程教育脱胎于技术教育。目前,大部分国家都没有在基础教育中开设有单独的工程教育,而是将其融合在技术教育中。实际上,工程与技术还是存在一定差异的。但在很多实践问题的解决中,技术又往往和工程密切联系在一起,难舍难分,许多工程问题往往又是技术问题。所以,在技术类拓展性课程的开设中,教师也可以特别关注一下工程项目及工程设计。

在跨学科教育中,工程项目往往可以作为课程的载体,既是课程的起点又是课程的终点。工程项目以工程设计为核心,有着特定的流程,包括确定问题—制订合理的解决方案—分析解决方案—优化解决方案,且鼓励对方案或模型进行反复的测试和优化,最后达成最优。所以,这种以某一工程项目为载体的课程可以以工程设计的流程为主线,综合科学、技术、艺术等多种学科进行设计与组织。这种课程的设计与上述"动物们的家"有着很大的区别。"动物们的家"虽然设置了一个"动物园要改造,动物们需要一个新家"的模拟情境,但是几个主题之间并没有必然的关系,它们是相互独立的,教师甚至可以根据学生的兴趣选择不同的动物作为设计的服务对象。但是这类以工程项目为载体的课程,则以工程问题的解决为线索,通过工程,将各个学科有目的、系统地组合起来。

那么,哪些工程项目可以作为课程的载体呢?项目既可以是虚拟的,也可以是现实生活中真实的工程项目,这样能更好地激发学生的兴趣,为学生提供更多参与探究、测量、交流等一系列实践的机会,学会用多学科知识去解决现实问题。比如,某地需建造新的垃圾填埋场,教师就可以动员学生设计垃圾填埋场模型。在设计过程中学生需要制订计划,搜集资料,了解与研究垃圾填埋处理的原理;进行调查与环境评估,论证对当地生态的影响,选址;设计垃圾填埋场模型,交流、听取不同意见,修改方案等。如果学校周边要建造一座人行天桥、一幢图书馆,那么这些工程项目也可以作为学习的课程。这种项目往往由工程开始,由工程结束,需要学生结合科学、数学、技术、工程及艺术等多种学科开展一系列的实践。这些课程中的项目都是真实的,学生的设计也是真实的,虽然这些设计现实中未必会用到,但是却可以作为相关的建议提供给项目的承建方,从而提高学生参与社会活动的积极性,培养学生的社会责任感。另外,这些项目难度较高,比较适合年龄段较高的学生,且实施的周期较长,一个项目就可以实施一个周期。由于这类项目以现实工程为背景,所以在课程开始前教师首先需要对该项目进行调研,并引导学生对项目建设的背景、目的及计划等进行深入的了解,需要学生进行大量的走访及实地调查。

比如,考虑到学校扩建的需要,某小学将要在校园东侧的小河上建一座小桥。但是如何设计呢?这时教师就可以在高年级开设"桥梁模型"的课程,该课程依照工程设计的流程——确定问题,提出解决方案,设计方案,绘制图纸,制作模型,测试及优化的过程进行。表2-24是"桥梁模型"课程的内容设计,供读者参考。

表2-24 小学六年级"桥梁模型"课程内容设计[①]

主题	内容	教学建议	涉及学科
我们来建桥	1.导入,确定问题	从学校将在暑假建一座桥导入,确定问题,激发兴趣	—
	2.实地考察,确定需求	实地考察所要建造的桥的选址,通过对老师、同学及学校相关人员的调查,明确大家对桥的需求,如桥的功能、外形等	—
认识桥梁	3.了解桥梁的发展史	了解桥梁的历史,让学生熟悉当地的桥梁,使学生对古今中外的桥梁有较为全面的了解	S、A、M
	4.了解桥梁结构及其材料	结合视频资料了解桥梁的结构种类(梁式桥、拱桥、悬索桥、斜拉桥、悬索桥等)及其适用场合;了解建造桥梁的不同材料及其优缺点	S、T、M
	5.实地考察桥梁	借助春游等活动,到具有代表性的桥梁处观看,搜集所考察桥梁的资料,包括建造年代、结构、材料、地形结构、水文资料以及作用等,拍照或写生,为后续做准备	S、T、A、M
设计桥梁模型	6.认识桥梁模型设计草图	了解、认识桥梁的设计草图,知道桥梁设计草图整体、3D、细节的表现方法	S、T、A、M
	7.绘制桥梁模型平面草图	结合前期调研的结果选择一种桥梁样式并绘制设计草图(平面草图)。要求有设计表达的意识,把自己想要的效果尽可能地表达出来	S、T、E、A、M
	8.绘制桥梁3D模型及细节草图	根据桥梁模型的平面草图,学习绘制桥梁模型的3D草图及关键的背面部分、拼接部位等重要的局部细节草图	S、T、E、A、M
制作桥梁模型	9.用竹、木等制作桥梁模型	根据自己设计的草图,用竹、木等材料制作桥梁模型	S、T、E、A、M
	10.3D打印桥梁模型	根据已有图纸及模型,利用学校社团的3D打印机来设计、制作桥梁,让学生了解桥梁模型的打印过程	S、T、E、A、M

---

①顾亚莉:《让每一颗星星都闪亮:基于"学科+"的拓展性课程活动案例集》,光明日报出版社,2019,第290-294页,选入时有所改动。

表 2-24 （续表）

主题	内容	教学建议	涉及学科
测试桥梁模型	11.测试各种结构的桥梁模型	学生对不同结构的桥梁模型进行承受力、抗风力等测试，并且对数据进行记录	S、T、E、M
	12.总结评价不同结构桥梁模型的特点	根据测试所得数据，借用电脑等工具，采用小组合作的方式形成桥梁模型的研究报告。并结合前期的需求调研，说明本桥梁的适切性	S、T、E、A、M
优化桥梁结构模型	13.优化桥梁模型设计图	根据桥梁模型设计图、模型及测试报告，全班选出一种或几种类型的桥进行优化，或者是可以将几个模型的优点进行融合	S、T、A、M
	14.优化、制作桥梁模型	根据优化后的设计图，进行模型优化，可以再进行设计	S、T、E、A、M
	15.完善新型桥梁的研究报告	根据新完成的模型写出其最新的研究报告，并说明其和学校要求的适切性，说明该桥梁的优点	S、T、E、A、M
项目总结	16.总结、提交成果报告	课堂上对本次课程活动的经验、获得等进行交流，并将项目成果提交学校，献计献策	S、A

注:S是科学,T是技术,E是工程,A是艺术,M是数学。

上述课程从"学校将要建造一座桥梁"导入，以学生身边的实际工程项目为载体，既激发了学生的兴趣，也为学生进行实地考察，明确用户需求奠定了实践基础。整个课程以这座特定桥梁的设计和制作为线索，认识桥梁—设计桥梁模型—制作桥梁模型—测试桥梁模型—优化桥梁结构模型的工程学思路进行。

从课程的设计看，在前期导入和用户需求调研与分析的基础上，"认识桥梁部分"主要是为后面的桥梁设计作铺垫，包括了解桥梁发展历史、桥梁结构与材料，以及实地考察桥梁三个部分。工程项目的设计是关键，决定了项目的成功与否。所以，面对没有多少设计基础的学生，该课程在"设计桥梁模型"部分对桥梁及其绘制方法进行了全面深入的指导，包括认识桥梁的设计草图，平面草图及3D草图的绘制方法等。在"制作桥梁模型"部分设置了两种模型制作的方法，一是用竹、木等实物制作，二是用3D打印机来设计打印模型。帮助学生更好地理解工程设计，能更好地解决工程问题。值得注意的是，在一般的设计中，"测试"和"优化"的过程往往会被跳过。但是在工程项目中，如果这两者被忽视，可能会带来不理想甚至是可怕的后果。所以该课程严格按照现实中工程项目的流程开展，特别强化了"测试"和"优化"的环节。在测试中要求学生对不同结构的桥梁模型进行承受力和抗风力的测试,从而总结评价不同桥梁结构的特点,然后根据模型设计图、模型及测试报告选择相应的模型进行优化,完成研究报告。项目的最后以向学校提交成果报告和建议为结束,更能培养学生对学校的责任心和责任感。

所以,课程设计的整个过程与其说是为了给学校建桥献计献策,不如说是以这次建桥为契机,让学生从始至终经历一遍工程问题的解决过程,了解工程设计的核心,掌握工程设计的过程与方法,并培养严谨的工匠精神。另外,从表2-24也可以看到,虽然工程问题的解决是核心,但是过程中同时涉及科学、技术、数学及艺术等多个学科,充分提升了学生运用多学科知识解决问题的能力。

(三)技术操作与设计类课程实施与评价的注意点

技术类课程主要以操作、实践为主,所以课程实施过程中对于教学的时间、空间和教学评价等方面都会存在一些特殊的要求,教师在课程设计之初就要特别关注。具本主要包括以下几个方面:

1.课程时间和空间上的弹性化、灵活化设计

技术类课程的开展过程具有跨时空性,在课程时间和地点的安排上需要预留更多的弹性。在课程时间的安排上,不一定按照每周平均课时的方式安排,可根据课程实施的需要,适时调整课时。特别是对于一些需要进行长时间实践的课程,可以将几周的课程合并进行,比如以半天为单位进行项目设计图的绘制、模型制作或者项目成果的展示等。在课程空间的选择上,可以根据需要,将课堂搬至教室外,比如校内活动场地、校外实践基地等。简单来说,就是根据课程开展的需要,灵活安排教学时间和场地。

2.从重结果转向重过程,关注学生创意、思维与价值观的发展

技术类课程往往以学生展示某一成果为结束,比如学会操作技术,根据需要设计某一图纸,或者制作模型和成品。因此,教师在评价时往往会重视这些外在的物化形象,而忽视了这些背后学生的创新、思维以及付出努力的过程。所以,对于学生的评价应该贯穿项目的始终,教师应注意观察学生在参与技术实践过程中的想法、创意,以及对技术的评价与看法等,从评价结果转向评价过程。

3.尊重学生个性,为学生制作各异的作品提供可能

除了一些简单的技术有统一的操作方法外,一般的技术实践和设计都会因学生不同的创意而出现完全不一样的结果。所以,在课程开展过程中,教师只需要求学生掌握技术操作和设计的统一流程或方法,关注学生作品的生成过

程,而不需要学生有统一的作品,应引导学生更好地发挥自己的创意,而非要求作品的统一性。

4.积极开发校内外课程资源,建设课程实践基地

技术的认知、操作和实践等需要更多的实践资源支撑,所以开设这类课程的教师需要重视对校内外课程资源的开发。课程资源主要包括素材性资源和条件性资源。素材性资源主要是和技术本身相关的资源,比如生活中出现的可供学生学习的新技术,可激发学生兴趣,能引导学生动手解决的技术和工程问题等。而条件性资源更多的是可以作为技术教学条件的硬件资源,比如校外实践基地等,能够给学生提供更多认知技术、参与技术实践的机会。

六、信息技术类拓展性课程

当今世界是一个多元化的信息世界,信息素养已经成为现代公民的必备素养。目前,我国承载信息素养培养的主要是信息技术教育课程。相比课时有限的信息技术课程,拓展性课程的开设更加灵活,可以给学生提供更加多样化的信息技术。所以,在开设信息技术类的拓展性课程时需要特别关注信息技术教育课程的目标,注意和信息技术教育课程的衔接问题。

(一)信息技术类拓展性课程的目标与内容

当前,我国信息技术教育的总体目标是提升学生的信息素养。2000年,教育部发布了《中小学信息技术教育指导纲要》,指出:"小学信息技术课程的主要任务是培养学生对信息技术的兴趣和意识,让学生了解和掌握信息技术基本知识和技能,了解信息技术的发展及其应用对人类日常生活和科学技术的深刻影响。通过信息技术课程使学生具有获取信息、传输信息、处理信息和应用信息的能力,教育学生正确认识和理解与信息技术相关的文化、伦理和社会等问题,负责任地使用信息技术;培养学生良好的信息素养,把信息技术作为支持终身学习和合作学习的手段,为适应信息社会的学习、工作和生活打下必要的基础。"可见,信息技术教育不仅要帮助学生认识信息技术的相关知识技能,掌握信息技术操作的方式和原理,同时还需要引导学生正确看待信息技术与人类社会生活的关系,培养学生对信息技术的兴趣和意识。

其中与小学教育阶段对应的目标是:了解信息技术的应用环境及信息的一些表现形式;建立对计算机的感性认识,了解信息技术在日常生活中的应用,培养学生学习、使用计算机的兴趣和意识;在使用信息技术时学会与他人合作,学会使用与年龄发展相符的多媒体资源进行学习;能够在他人的帮助下使用通讯

远距离获取信息、与他人沟通,开展直接和独立的学习,发展个人的爱好和兴趣;知道应负责任地使用信息技术系统及软件,养成良好的计算机使用习惯和责任意识。①《中小学信息技术课程指导纲要(试行)》中小学阶段的课程内容大致包括如表2-25所示六大模块。

表2-25 小学信息技术的课程六大模块内容安排

序号	模块	具体内容
模块一	信息技术初步了解	1.了解信息技术基本工具的作用,如计算机、雷达、电视、电话等; 2.了解计算机各个部件的作用,掌握键盘和鼠标的基本操作; 3.认识多媒体,了解计算机在其他学科学习中的一些应用; 4.认识与信息技术相关的文化、道德和责任
模块二	操作系统简单介绍	1.汉字输入; 2.掌握操作系统的简单使用; 3.学会对文件和文件夹(目录)的基本操作
模块三	用计算机画画	1.绘图工具的使用; 2.图形的制作; 3.图形的着色; 4.图形的修改、复制、组合等处理
模块四	用计算机作文	1.文字处理的基本操作; 2.文章的编辑、排版和保存
模块五	网络的简单应用	1.学会用浏览器收集材料; 2.学会使用电子邮件
模块六	用计算机制作多媒体作品	1.多媒体作品的简单介绍; 2.多媒体作品的编辑; 3.多媒体作品的展示

由表2-25可见,小学阶段信息技术的内容主要偏重于计算机的简单认知与操作,包括计算机操作系统的使用以及文字输入、绘画、多媒体等相关应用。由于计算机操作是信息技术的基础,所以小学课程内容偏向于较为基础性的内容,涉及信息技术世界的多样性、复杂性、有趣性及发展迅速性等相关内容则较少。

因此,作为信息技术教育课程的补充,拓展性课程一方面必须以提升学生信息素养为基础,涵盖知识与技能、过程与方法、情感态度与价值观三个维度;另一方面,在内容的设计上则需要与信息技术教育课程进行差异化设计。一般

①教育部关于印发《中小学信息技术课程指导纲要(试行)》的通知,http://www.moe.gov.cn/s78/A06/jcys_left/zc_jyzb/201001/t20100128_82087.html,访问时间:2020年7月8日。

来说,主要偏重在两个方面:一是信息技术课程相关内容的加深与拓展,即内容一致,但是课程的深度进一步加深。比如,在信息技术课堂上都会涉及绘图软件的使用,但是一般难度较低。对于有需求的学生,教师可以开设专门学习图形处理的拓展性课程以满足此类学生的需要。二是进行多样化的拓展,即结合当前世界信息技术的发展,给学生提供更新、更多样化、更有趣的信息技术。比如,小朋友都对游戏比较感兴趣,与其玩游戏,不如做游戏,教师可以开设scratch①等相关编程课,培养学生对编程的兴趣。另外,也可以带学生了解3D打印等相关技术,从而帮助学生进一步增强对信息技术世界的认知,了解信息技术在日常生活中的应用,培养学生对信息技术的兴趣与意识。

根据内容的特性,信息技术拓展性课程主要可以分为信息技术世界认知与体验、信息技术使用与创新设计两大类别。其中信息世界认知与体验类偏重静态知识,主要是帮助学生建立对信息世界的直观感知,或从宏观上了解当前世界信息技术的发展,或引导学生认识新的技术,或帮助学生感知和了解网络安全的重要性,建立正确的态度与价值观。信息技术使用与创新类课程偏重动手实践,往往选择以当前的条件和学生水平可以操作使用的信息技术,引导学生利用某些信息技术进行创新。整体来说,这些内容一方面着眼于培养学生对信息技术的兴趣,提高对信息技术的认识,另一方面,针对学生的兴趣,进行一些特长性项目的培养与发展。

(二)信息技术类拓展性课程的设计与实施

依据学生的年龄特点和具体需要,信息技术类拓展性课程在设计和实施方法上会有所差异。另外,以上的两大类别并不是必须分开的,既可以以单一类别的形式出现,也可以相互交叉。但不管哪一种,其目标都是培养学生的信息素养,关注学生兴趣的培养,重在对学生知情意行的全方位提升。

1.信息技术世界的认知与体验类

对信息技术世界的认知主要是了解信息技术的发展情况,以及认识到信息技术给人类生活带来的巨大改变。虽然手机、网络等信息技术在生活中无处不在,但是对于学生来说,信息世界依然是一种较为抽象的存在。从时间序列来看,对于信息技术世界的认知主要包括三个部分:过去、现在与未来。

"过去"即信息技术的发展历史,这一部分学生知之甚少,很大一部分都只是在存在于博物馆里的老物件或者是书上的文字中。科学与技术史是教育的

①全球少儿图形化编程工具(语言),由麻省理工学院开发。

必经之路。对于"过去"的认知即是帮助学生认识到信息科学与技术发展的历史,以及其发展道路上的重要人物。这一部分课程的重点是把过去以更加直观、鲜活的方式推到学生的面前,而不是记住相关人物的名字和代表年份的数字。

"现在"即帮助学生认识当前信息技术的发展状况。当前的技术可以分成两大类:一类是日常生活中常见的,且学生可以直接体验的;另一类是虽然当前已在广泛使用,但是可能我们平时无法觉察,或并没有直观体验的技术。所以前一种信息技术的认知主要侧重于对生活中技术的体验、使用、感知与讨论,比如互联网医院等,后一类则需要去特定的场景认知,像在乌镇举办的世界互联网大会就可以帮助学生认知物联网、城市大脑等众多已在生活中使用,但是日常却无法感知或触及的技术。另外,这种特定的场景也可以进一步拓展、加深学生的认知。比如,虽然目前很多家长已经在使用5G手机了,但是单纯从手机的角度看,5G并没有给生活带来巨大的变化。可是如果去互联网大会上了解一下利用5G的相关技术,则会让人更加印象深刻。所以,对于"现在"信息技术的认知不要只局限于生活中常见的情境,教师要善于利用和开发一些特殊场景,帮助学生更加真切地感受现代信息技术给人类社会带来的巨大变化。

"未来"即帮助学生认识到未来信息技术的发展趋势和方向。信息技术的"未来"总让人感觉具有"科幻"的成分。但是,正是这种未来感才能促进现代信息技术的发展。所以,一方面可以给学生呈现未来信息技术的发展趋势,另一方面也可以引导学生主动想象,描绘未来信息技术的发展前景。事实上,当前诸多技术的发展正是由之前的"科幻"转化而来,儿童作为一个极具想象和创意的群体,也是信息技术发展的动力。对"未来"信息技术的想象与创意往往基于当前技术,所以可以融合到对"过去"或者"现在"认知的相关课程中。比如,在认识到当前信息技术的基础上,教师也可以引导学生通过谈、画、写等方式呈现自己的构想,并探讨这种可能性。由此,从纵向时间的角度,这类课程的设计就会呈现不一样的交叉和融合。一般来说,信息技术认知与体验类的课程主要包括以下两种形式:

(1)以博物馆为依托的信息技术史课程的设计与实施。

技术史是技术教育的重要内容。要让学生深入认知信息技术,教师必须要有博物馆教学的视野与理念,即从技术发展历史的角度,从博物馆的物件中寻找课程设计的着眼点。

想要帮助学生了解信息技术发展的历史,就必须要掌握信息技术发展过程中一些革命性的标志,并且从标志点入手选择相应的课程内容。迄今为止,信息技术已发生过五次革命性的变革,我们现今的信息技术以计算机和现代数字技术为代表,但实际上前三次与现代数字技术相差甚远,却奠定了当前计算机与数字技术的基础。第一次信息技术革命是人类语言的使用,距今 50 000 ~ 35 000 年。第二次信息技术革命以文字的创造为标志,大约在公元前 3 500 年。文字的创造为信息的传递打破了时间和空间的限制。第三次信息技术革命以印刷术的发明为标志,约公元 1040 年我国开始使用活字印刷技术,欧洲人则在 1451 年开始使用印刷技术。以上信息技术的革命为现代信息技术的发展奠定了基础。

第四次信息革命以电报、电话、广播、电视的发明和普及应用为标志。1837年,美国人摩尔斯研制了世界上第一台有线电报机。1844年5月24日,他在国会大厦联邦最高法院议会厅作了"用导线传递消息"的公开表演,接通电报机,用一连串点、画构成的摩尔斯电码发出了人类历史上第一份电报,实现了长途电报通信。1876年3月10日,美国发明家贝尔与他的同事试验了世界上第一台可用的电话机。1864年,英国著名物理学家麦克斯韦发表论文,预言了电磁波的存在。1888年,德国青年物理学家海因里斯·赫兹用电波环进行了一系列实验,发现了电磁波的存在,同时用实验证明了麦克斯韦的电磁理论。这个实验轰动了整个科学界,成为近代科学技术史上的一个重要里程碑,导致了无线电的诞生和电子技术的发展。1895年,俄国人波波夫和意大利人马可尼分别成功地进行了无线电通信实验。1894年,电影问世。1920年,美国无线电专家康拉德在匹兹堡建立了世界上第一家商业无线电广播电台,收音机成为人们了解时事新闻的方便途径。1925年,英国首次播映电视。1933年,法国人克拉维尔建立了英法之间的第一条商用微波无线电线路,推动了无线电技术的进一步发展。之后,静电复印机、磁性录音机、雷达、激光器都是信息技术史上的重要发明。

第五次信息技术革命始于20世纪60年代,其标志是电子计算机的普及应用及计算机与现代通信技术的有机结合。1946年,美国宾夕法尼亚大学成功研制出世界上第一台计算机设备,意味着计算机通信技术的问世。计算机技术经历了从晶体管到集成电路、微电子技术到网络技术的发展,最终促进了世界通信和信息技术的极大发展。

对信息技术史的认知既能帮助学生站在巨人的肩膀上,又能帮助学生更好地看到历史的发展,学会正视历史。设计课程时,在引导学生大致了解信息技术发展的基础上,可以从某些角度、某一技术或设备的发展为线索来设计课程。比如,信息技术需要依赖相关介质进行存储,特别是移动存储介质技术的发展极为迅速,从之前的磁带、软盘、光盘到现在的U盘、网盘等,学生往往对于这类技术的发展不甚理解。曾发生过某地的小学音乐或英语配套教材配备了磁带,可是家长们找不到录音机用,学生则表示不认识磁带,满怀好奇,结果闹了笑话。如果以此为话题展开,我们就可以设计如表2-26所示"信息是怎么存储的?"的这一课程内容。

表2-26 小学三年级"信息是怎么存储的?"课程内容设计

主题	具体目标和内容
结绳记事	1.了解在文字产生以前,人类是通过结绳的方法进行记事的; 2.知道每种结法、距离大小以及绳子粗细都表示不同的意思; 3.以游戏的方式,试着解读结绳语言和结绳记事,感知其存在的局限性
从文字到书本	1.了解甲骨文、造纸术及印刷术,感知这些技术为书本的出现所奠定的基础性作用; 2.认识书籍的发展过程与趋势,了解书籍制作技法的不断进步; 3.感知从帛书、卷轴、活字印刷术,到现在的平版印刷等,书籍逐渐发展成为易于记载、轻便、历久的载体,并且易于复制文字和图画
磁带	1.了解磁带的不同形式,知道从形式上包括早期的盘式磁带和紧凑音频盒带,在内容上可以分为录音带、录像带等; 2.知道磁带记录和保存信息的原理; 3.能尝试利用录音带和录音机播放音乐和录音
软盘	认识软盘的外形及存储功能,以及在历史发展中的作用
光盘	1.认识光盘的外形、作用及其存储原理; 2.能利用废弃的光盘进行小制作
U盘	认知各种不同形状的U盘,了解和感知U盘的功能与便捷性
硬盘与网盘	1.认识硬盘的功能与发展; 2.感受网络硬盘的便捷性

上述课程从信息存储介质这个角度,向学生展示了从最初的结绳记事、文字与书籍的发展,到现代磁带、软盘,再到当前的光盘、U盘、硬盘与网盘,沿着历史的纵向发展线索,课程解答了学生的诸多疑惑,而且可以帮助学生深入了解信息技术的历史,提升对技术发展史的兴趣。

技术史方面的知识对学生来说往往是抽象、久远的,但是博物馆里的很多老物件却可以拉近学生和历史的距离,比如一部电报机、一部老式电话机,往往对学生极具吸引力。老师应善于利用博物馆的事物,选择学生比较感兴趣的一些技术或设备来设计课程。表2-27所示内容便是从这个角度所构建的信息技术发展史的课程内容。

表2-27　小学五年级"我们是如何联系的？"课程内容设计

主题	主要内容
烽火台与飞鸽传书	了解古时候人们是怎样传递信息的；知道烽火台与飞鸽传书的过程；进行烽火台游戏，感知这种方法存在的问题
电报机	结合博物馆参观，了解电报机的发明过程，知道电报发送信息的原理，进行破译摩尔斯密码的小游戏
电话机	了解电话的发展过程，认识不同样式的电话机，包括有线电话和无线电话，初步了解电话的工作原理
因特网与智能电话	了解现代智能电话的功能及其工作原理

上述课程由最原始的信息传递方式——烽火台和飞鸽传书开始，引导学生了解从古至今通信方式的变迁，其中主要涉及电报机与电话机两种设备。由于一些小学生往往对于博物馆里具有古老气息的电报和电话机极感兴趣，所以这样的课程能激发学生的好奇心。从飞鸽传书到无线的电报，到有线的电话，再到无线电话，以及基于现代IT技术的智能电话，能让学生感受从古至今通信方式的巨大变化。

虽然历史极具魅力，但是不可否认的是，信息技术史对大部分学生来说可能会稍感枯燥。所以，在这类以信息技术史为主要内容的课程实施时：一方面教师不能简单停留在文字材料或图片上，要试着与参观博物馆、科技馆等实践活动相结合，给予学生更多实地学习和探讨的机会；另一方面，在具体的教学中，教师应尽可能地采用游戏、模拟、情境创设等方式，帮助学生打开那段尘封的历史，在情境中更加客观地看待和评价历史。

上述"信息是怎么存储的？"和"我们是如何联系的？"两个课程均不约而同地采用了游戏和实践操作的方法。"结绳记事"的主题中设置了两个有趣的小游戏：根据图片上的结绳情况猜测所表达的意思和将自己要表达的意思用结绳的方式来呈现。同样，"烽火台与飞鸽传书"主题也是通过游戏的方式模拟了烽火台传递信息的方式。游戏是有趣的，但是学生在游戏中会不自觉地将这种古老的方法与当今便捷的信息存储和信息传递方式进行比较，在感知古代人民的智慧的同时，也深刻感知到信息技术进步给人类生活和生产所带来的巨大变化。这种方法的选择实际上是将厚重的历史融入有趣的游戏中，通过游戏来帮助学生树立正确的历史观和技术观。

除了游戏外,以上两个课程都采用了现场操作或模拟操作的方式。为了让学生清楚地了解录音机的功能及操作,老师找来了录音机,并让学生现场播放音乐和录音。为了了解电报机的工作原理,设计了破译摩尔斯密码的小游戏,实际上这是一种模拟操作。"有趣的电报"便是教师组织学生参与的破解密码的游戏,并对游戏进行了创新,除帮助学生了解电报的工作原理外,同时鼓励学生根据编码的原理,自己设计译码本,探索更多信息传递的方式。

有趣的电报①

教学目标:

1.认识电报,知道电报发明的历史,了解电报曾经在通讯方面发挥的重要作用。

2.通过发电报的游戏,知道电报工作的原理,了解摩尔斯密码。

3.能够利用发电报的原理和流程设计类似传递信息的方法。

4.在认识电报的过程中培养对信息技术史的兴趣,能主动通过博物馆、网络等方式了解信息技术发展的历史。

教学重点:了解电报发明的历史,在游戏中了解电报工作的原理。

教学难点:通过对电报的了解,能主动去了解和探究更多信息技术。

教学准备:电报的图片、电报发明历史的视频、译码本。

教学过程:

一、呈现电文,激发兴趣

1.教师呈现一段电文,让学生猜猜这是什么?

2.引导学生观察内容和样式,教师揭示谜底:电文。指出这是通过"电报"发送的信息。

3.引导学生观察这种电文的内容和我们现在打电话或发信息的内容形式存在什么样的差异。

二、观看视频,认识电报,知道电报发明的历史

1.图片展示,结合博物馆参观,认识电报及其多种样式。

教师展示电报图片,引导学生回忆在博物馆看到的各种各样的电报,认识电报的基本样式。

2.观看视频,了解电报发明的历史,初步了解电报的工作原理。

播放视频,让学生了解电报是近代一种重要的远距离通信方式,对社会发

---

①四年级科学上册4.3《电报与电话》教案湘教版,https://wenku.baidu.com/view/8b5d95b7930ef12d2af90242a8956bec0875a578.html,访问日期:2020年7月8日,收入时有较大改动。

展起到了巨大的推动作用。知道电报于19世纪30年代在英国和美国首先发展起来,经历了有线电报到无线电报的发展过程。早在1753年,一名英国人就提出了使用静电来拍发电报。1837年,美国人萨缪尔·摩尔斯发明了第一台电报机,并发展出了一套将字母及数字编码以便拍发的方法,用电流的"通""断"和"长断"来代替人类的文字进行传送,被称为摩尔斯电码。电报的发明,拉开了电信时代的序幕,开创了人类利用电来传递信息的历史。从此,信息传递的速度大大加快了。

三、参与发电报游戏,了解电报的工作原理与流程

1.教师讲解摩尔斯密码,了解工作原理。

发电报最早用的"摩尔斯电码"是由摩尔斯所设计的著名且简单的电码。电码符号由两种基本信号和间隔时间组成的:短促的点信号"·"读"滴",长信号"—",读"哒",时间长度约为"·"的3倍。

2.结合"译码本",教师模拟发电报,学生解码,感知发电报的过程。

教师示范发电报,学生用耳朵听,并根据译码本破译,比如"·— ·——·· ·—— · —· · · ·"(apple苹果)。

3.引导学生总结发电报的过程。

谁能用自己的话来说说发电报是怎么一回事? 有哪几个过程?(编码—发送—接收—解码)

四、利用编码原理,创新游戏,激发学生对通信技术的兴趣

1.引导学生用"握拳"和"伸掌"的方式发电报,其他学生解码。

教师点名学生用握拳表示"·",张开手掌表示"—",注意时间的掌握。

2.引导学生了解中文电报的发送方式,编写译码本,开发自己的电报游戏。

教师引导学生明白摩尔斯是外国人,所以他的电码是英文字母和数字,如果想要传递汉字,就要重新准备一个译码本,再编一组电码,用不同的数字代表汉字。

教师出示一个译码本,并发送一组数字让学生破译。

3.同桌游戏,互相用译码本中的字组成句子,然后发送给对方,让对方译码。

五、拓展延伸

教师引导学生课后利用编码原理,寻找更多可以传递信息的方式,创新游戏,比如手电筒亮代表"·",灭代表"—"等。

(2)以当代信息技术体验为主的技术课程的设计与实施。

相比沉睡于博物馆里"过去"的历史感,现代信息技术的发展速度则令人惊

叹。数字化、网络化、智能化是新一轮科技革命的突出特征,也是新一代信息技术的聚焦点。数字化为社会信息化奠定基础,其发展趋势是社会的全面数据化;网络化为信息传播提供物理载体,其发展趋势是信息物理系统(CPS)的广泛采用;智能化体现信息应用的层次与水平,其发展趋势是新一代人工智能。信息技术的这些发展可以极大地唤起学生的好奇心与求知欲,产生体验新技术的冲动。作为拓展课程,可以从当前的信息技术中选择可供学生体验的技术,为学生提供"认识""体验"或"操作"的机会。但是由于这些信息技术大多是社会前沿的最新研究,有些只出现在社会的特定场所,与生活的距离比较遥远,对学生来说主要是出现在科技馆等地方。有些虽然在生活中已经使用,但学生并没有深入了解,甚至没有直观的感觉。所以,这些技术以学生目前的知识水平和条件不可能深入学习和使用,且有些内容根本不适合操作。因此,这类课程主要以介绍性为主,且以小学中高年龄段为主,主要目的在于帮助学生感知信息技术的快速发展。

如表2-28所示,"拥抱信息时代"课程内容设计是针对小学六年级学生开设的课程,在内容上选择了目前较为引人注目的城市大脑、物联网技术、人工智能机器人等,但也主要是以认知性为主。

表2-28 小学六年级"拥抱信息时代"课程内容设计

板块	主题	具体内容
生活与信息技术	快捷的网上购物	讨论生活中常见的网上购物现象,了解网上购物的运作过程
	快捷的物流分拣系统	通过视频或者参观相关快递分拣仓库,了解现代物流智能化的分拣方式
医疗与信息技术	身边的互联网医院	认识互联网医院的运作方式,体验互联网医院的方便快捷
	5G机器人远程手术	通过视频感知5G技术和人工智能的结合给医疗带来的巨大变革
城市管理与信息技术	天网工程	了解、认识我国的天网工程,感知天网工程对我国社会治安等方面起的巨大作用
	杭州"城市大脑"	了解、认识杭州的"城市大脑",了解信息技术在城市管理中所起的巨大作用
人工智能技术	Alpha Go的围棋大赛	从"深蓝"到"Alpha Go"四次人机围棋大赛,感知人工智能的飞速进步,了解当前国际上的人工智能围棋赛
	AI绘画与艺术创作	了解人工智能在艺术领域的运用,发表自己的看法,感知人工智能给人类社会带来的势不可挡的变化

以上课程选择了生活与信息技术、医疗与信息技术、城市管理与信息技术、

人工智能等四大版块的八个主题,帮助学生感知当前信息技术的发展及其给人类生活带来的巨大变化。由于空谈信息技术往往给人看不见摸不着的感觉,所以课程中所选的内容都是比较容易具象化的。整个课程从学生较为熟悉的网上购物入手,延伸到和网络购物密切相关的智能物流分拣系统,让学生知道便捷性的背后是技术的支撑;医疗技术方面从相对较为常见的互联网医院入手,转向最新的5G远程机器人手术,可以帮助学生深刻感知信息技术给医疗带来的变化;城市管理则选择了我国较为普遍的天网工程,再到更为先进的"城市大脑",让学生了解到信息技术不仅可以应用于生活和其他专业领域,同样可以应用于社会管理层面,提高管理效率;课程的最后设置了人工智能技术,人工智能技术以信息技术为基础,又是信息技术的延展,并且是学生最为感兴趣的内容。这个模块首先以四次"人机大战"开始,让学生感知当前人工智能发展的过程,了解国际人工智能围棋大赛,鼓励有兴趣的同学继续努力。课程的最后一部分选择了目前颇受争议的AI绘画与艺术创作。虽然当前由AI创作的画作已经拍卖,但是到底算不算艺术,在业内还存在不小的争议。所以,将AI绘画引入课程,一方面可以让学生了解人工智能在艺术领域带来的变化,另一方面也可以培养学生独立自主的思考能力。

这类课程的实施:一是要尽量依托实践环境,给学生提供直观体验的条件。比如网络购物、互联网医院和日常生活的联系较为紧密,可以家校联系,给学生创造条件直接体验。但是有些内容直观体验是有难度的,教师要善于抓住一切有利的教学时机和场所,比如科技馆或者是世界互联网大会等,借助更多的社会实践进行教学。如果确实不能给学生提供亲身实践的机会,教师可以多采用视频、在线体验等手段,让学生更加直观地感知当前信息技术的发展。二是要尽可能地尊重学生的观点,给予他们表达观点的机会。每个学生都可能是未来创新的主力,所以要尽可能给学生提供发表自己看法和见解的机会,培养他们独立思考的能力,引导学生发挥想象和创新,敢于提出关于信息技术的新构想,构建想象中的未来社会生活图景,并通过图画、口头表达、草图甚至是论文等形式表达自己的观点。

物联网技术的发展给人类生活带来的巨大变化,其中一个突出表现就是家居设备越来越智能化,很多原来科幻片里的内容都逐渐成为现实。下述案例"智能家居"便是选择了与学生日常生活密切相关的智能家居来引导学生感知信息技术给我们生活带来的巨大变化。

小学六年级"智能家居"教学设计①

教材分析：

本课主要介绍了当前的一个热门应用——智能家居系统。它是物联网技术应用于生活、服务于生活的一个实例，也是物联网技术发展的必然趋势；以基于4G移动通信网络的智能手机为代表的智能终端已经成为智能家居系统中人与物之间管控的重要平台。

学情分析：

本课的学习者是小学六年级的学生，这个年龄段的学生生性活泼、好奇心强，观察和分析能力较中年级有了很大的提高。再者，21世纪以来，互联网迅猛发展，六年级的孩子一直在互联网环境中成长，对互联网的学习、娱乐、交流等强大功能有一定的切身体会。对他们而言，虽然物联网是一个全新的概念，但在日常生活中，都或多或少地接触过物联网的应用，学生已具备这方面的生活体验。

教学目标：

1.了解智能家电和智能家居系统，知道如何通过移动终端远程操控智能家电。

2.通过个体体验、小组合作、虚拟现实体验等多样化的学习形式，感受智能家居给生活带来的便捷。

3.尝试把所学知识应用于生活实际，激发对物联网探索的兴趣。

教学重点与难点：

1.重点：明确智能家居系统的组成。

2.难点：体验智能终端对智能家电的远程操控。

教法方法与手段：情境模拟，远程操控智能家电示意图的分析和讲解，真实的远程操作和控制体验。

教学准备：PPT演示文稿，相关实验器材。

教学过程：

（一）创设情境，初步感知智能家居

1.提问导入，创设情境。

同学们，每天清晨当你们全家出门上班、上学后，往往最担心的事是什么？如果小偷来到老师家，你们觉得老师会不会担心呢？

---

① 李洁：《智能家居》教学设计，http://www.xxjsedu.com/xwgk/gzzd/202004/xwgk_2775.html，访问日期：2020年7月8日。

2.参与挑战活动,感知智能家居。

(1)引导学生参加活动:老师一点都不担心,不相信的同学欢迎来尝试下"入侵"老师"家"(隔壁空教室)。

(2)学生主动挑战,假扮"小偷"参与活动,该同学刚一入侵,老师手机立刻收到消息。

(3)老师播放该同学从进门后的所有视频,让同学们感受智能化给生活带来的便利。

(4)提问:究竟是什么原因可以让我们对这一切了如指掌?是否有个设备记录了刚才的一切?

(5)明确:有一个摄像头,这个摄像头不是普通网络聊天用的摄像头,是智能监控摄像头,用来对所选区域实时监控、执行安全检查等。只要有智能手机,家中有Wi-Fi,就能随时随地查看家中情况。这就是我们物联网时代的产物——智能家居的应用。

二、讨论交流,了解智能家居及其结构组成

1.智能家居概念解读。

(1)提问:什么是智能家居?

(2)交流:电影《钢铁侠》中呈现出的家的高端画面:在安防森严的大宅中,人脸识别门禁可以查明访客身份;主人所到之处,灯光、显示屏等即刻开启,厨房里机械臂助手开始煎鸡蛋、煮咖啡……

(3)了解智能家居的历史。

提问:智能家居是不是只存在于科幻电影里?

教师呈现资料:1995年,微软创始人比尔·盖茨在美国建立的一所豪宅就已经对家居生活相关设施实现了智能化的管理。

(4)了解智能家居概念。

智能家居是指通过物联网技术、通信技术等相关技术,将各类家用电器等设备和设施连接在一起,提供智能化的管理、控制或个性化定制等功能的家居环境,从而使生活变得更加简单、舒适和智慧。

2.观看视频,了解智能家居系统的组成。

教师播放视频短片,引导学生深入了解物联网智能家居系统。

提问:智能家居系统主要实现了哪些智能化管理?该系统主要通过哪个终端对家居系统控制和管理?(用手机、平板、计算机等终端,通过有线或无线网络,经智能控制网关及控制器件,对家用电器进行远程智能控制管理。)

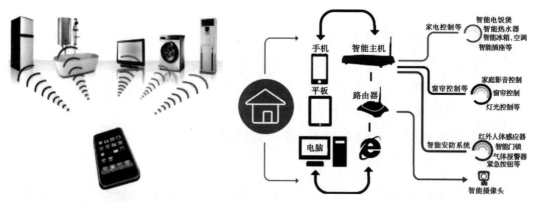

3. 智能家居再体验，了解智能家居的操作。

教师引导学生通过个体的实际操控，让学生亲身体验智能控制家电这一热门应用，激发学生科学探索的兴趣。

教师：老师将邀请今天发言最多的一位同学远程操控老师家中的智能家电。

大屏幕展示：

拓展：为把智能家电连接起来控制，必然需要一套物与物之间的通信系统。目前主流的智能家居通信技术分为有线和无线两种。无线技术主要有：紫蜂协议（ZigBee）、蓝牙、Wi-Fi以及窄带物联网（Narrow Band Intrnet of Things, NB-IoT）等。

三、虚拟线上体验，感知变化

教师引导打开桌面上的"智慧生活线上体验馆"快捷方式，一起体验物联网开启的智慧生活。小组自由选择3个体验主题中的一个，体验要求：

1. 在选定的主题下，组内成员选择不同的场景体验。

2. 组内交流：说说你体验了什么场景。

3. 全班交流：小组推荐一名组员说说你们组认为最"智慧"的场景。

教师提示：体验过程中，需要自己点击鼠标才能继续体验，就像我们亲手操作一样。

小结：与普通家居相比，智能家居优化了人们的生活居住环境，使我们的生活更加舒适、便利和安全。课后希望大家通过自己的观察、调查等途径，更加客观清楚地认识智能家居，真正感受智能家居给我们带来的智慧生活。

四、实践应用DIY，拓展延伸

要求学生以智能音箱为主导，结合智能插座、智能灯泡、家用电器等元素，构建简易智能家居模型。

智能家居离生活很近，因为它就在学生的身边；但是又很远，因为大部分学生并没有深刻体验到智能家居，或者是没有体验到智慧程度较高的家居。所以，为了帮助学生更好地认识智能家居，感知它给我们生活带来的变化，上述案例通过视频观看，引导学生认知智能家居，了解其组成和结构体系；设置场景让学生操作体验，引导学生了解智能家居的一般操控模式。另外，为了让学生能体验到智能化程度较高的家居，本案例还采用了线上虚拟体验的方式，从而使课堂上的不可能成为可能。同时，设置了可供学生实践的DIY环节，能激发学生的探究兴趣，使他们课后能进一步去探索智能家居。所以，虽然在课堂上很难让学生真正体验到智能家居技术，但是本案例通过多种方式的结合很好地解决了这个问题。

2.信息技术使用与创新设计类

相比认知与体验类课程，信息技术使用与创新设计课程更加强调边做边学，引导学生在操作和使用中学习信息技术、创新技术，学习的难度会更深一些，且学习过程大多需要具备一定的计算机基础，所以更适合中高年级。这种课程内容主要有两种偏向：一是对原有信息技术课堂教学内容的深入与拓展，帮助学生巩固已学知识，学习新知识；二是选择一些原有课堂没有涉及的信息技术，让学生使用和体验新的信息技术。一般选择的内容具有体验性、应用性与趣味性强的特点。

（1）基础拓展类。

作为课堂内容的延展，教师首先需要清楚信息课程的内容，然后在此基础上抓住学生的兴趣，考虑到学生的学习兴趣和效果，或强化，或变化。比如，小学信息技术课在绘画方面主要以Windows操作系统自带的画图软件为主，经过课堂学习，学生已掌握了用计算机进行画画和编排文字材料的基本方法。借着学生对电脑绘画的兴趣，教师就可以开设"我是电脑小画家"的拓展性课程，在原有课堂的基础上，为学生介绍更多适合的电脑绘画软件，帮助他们掌握更多电脑绘图的方法。

在课程内容的设计上，这种基础拓展类的课程一般较多采用递进式的设计，课程整体上可以分为三个层次：第一层次主要是为了巩固原有知识，以

Windows操作系统自带的绘图软件为基础,设计不同难度的主题让学生进行练习;第二层次为延展部分,主要是引导学生学习、体验其他新的绘图软件。这里可以视学生的学习情况和课程开设时间选择一到几个软件;第三层次为综合提升部分,主要是以项目化的方式,布置一些具有挑战性的小组项目,比如要求利用绘图与文字操作本领进行小组电子报刊设计等比赛,将操作使用与创新设计相结合,进一步提升学生灵活利用画图软件的能力。表2-29向读者展示了"我是电脑小画家"课程内容的设计。

表2-29 小学四年级"我是电脑小画家"课程内容设计

序号	模块	主题	工具和软件	具体内容	阶段与意图
1	我会了	小小动物园	Windows自带画图软件	根据主题,采用Windows自带画图软件作画,强化巩固	复习巩固
		今天我们春游去			
2	我要学	认识金山画王	金山画王	认识金山画王的基本界面后,在不同主题的绘图中掌握软件的具体应用	拓展,学习新软件
		太空探索			
		美丽大森林			
		海底世界			
		美丽的贺卡			
3	我也来创作	我的动画电影海报	Windows自带画图软件、金山画王、文字处理软件等	综合利用学过的绘图软件和文字工具进行个性化创作	综合应用与提升
		我的节日小报			

在学了Windows操作系统自带画图软件的基础上,上述课程选择了金山画王软件作为课程的重点,分为"我会了""我要学""我也来创作"三个模块,兼顾了复习巩固、拓展新软件和综合应用,其中"我要学"是整个课程的重点,每个模块选择了学生喜闻乐见的主题。相对前两个模块单一软件的应用,"我也来创作"模块以"我的动画电影海报""我的节日小报"为主题,鼓励学生综合应用绘图软件以及文字处理工具完成相应的任务。

(2)兴趣和特长培养类。

学校不是一个封闭的机构,应加快与社会的接轨。教师应时刻关注信息技术的发展,将一些适合学生的信息技术纳入学校课堂。近年来,编程类课程在校外培训机构异常火爆,编程课程进入小学课堂已是大势所趋。但是,目前国内大部分公立学校因各方面原因并未开设专门的课程。当前适合学生的编程软件主要有Scratch、Python、JavaScript等。Scratch是麻省理工学院面向8岁以上儿童开发的一款简易图形化编程工具,采用可视化操作,难度相对较低,小学中段的孩子学习已经较为容易。Python和JavaScript难度较高,采用较为抽象的编程语言。所以这类课程主要适用于小学高年龄段学生。另外,像乐高的很多系列也自带编程,将搭建与编程相结合,Wedo2.0、Ev3都是适合小学生学习的课程,对于培养学生的编程兴趣很有帮助,可以作为启蒙之用。面对多样的编程软件,教师要明确各种软件的特征与适用年级,选择合适的软件开发拓展性课程。

Scratch 由于图形化的界面,难度较低,是目前比较受小学生欢迎的编程课程。表2–30是某小学设计的Scratch课程方案。

表2–30 小学"一起来玩Scratch"课程设计方案[①]

单元	主题	具体内容
Scratch 基础	初识Scratch	了解Scratch的基础知识,认识Scratch的界面,掌控基本操作方法。包括在舞台上添加角色,为角色设置脚本,以及如何用键盘来控制角色在舞台上动作,并让多个角色之间产生交互效果
	我来指挥小猫咪(一)——脚本动画	
	我来指挥小猫咪(二)——键盘交互	
	懂礼貌的小猫咪——角色互动	
Scratch 动画	小猫钓鱼(一)——飞舞的蝴蝶	通过一个小猫钓鱼的实例学习让角色在舞台上做出更多丰富的运动效果,包括造型的变化、动态效果和丰富的运动路径等,以及通过场景、背景音乐来增加动画的感染力
	小猫钓鱼(二)——调皮的蝴蝶	
	小猫钓鱼(三)——优美的环境	
	小猫钓鱼(四)——完整的动画	
Scratch 游戏	接水果游戏(一)——茂盛的果树	通过接水果游戏的实例,尝试从角色绘制开始,制作一个完全属于自己的原创游戏,体验Scratch项目开发的一般过程,并学习变量控制、并行处理、约简优化等相关的计算思想。通过平台的分享、评价交流,提升协作学习意识
	接水果游戏(二)——下坠的水果	
	接水果游戏(三)——计分的实现	
	接水果游戏(四)——完整的游戏	
Scratch 进阶	田忌赛马(一)——马分三等	把智慧故事"田忌赛马""两小儿辩日"搬上Scratch舞台,进一步熟悉Scratch中各指令模块的使用方法,尝试通过录制的方式采集声音信息,并将其应用到Scratch作品当中,训练解决问题的能力
	田忌赛马(二)——速度竞技	
	两小儿辩日(一)——声音的录制	
	两小儿辩日(二)——对话的实现	
Scratch 创意	魔术相框	学习Scratch在艺术方面的应用,通过特效作用、变化角色的颜色、扭曲等属性,学习画笔模块的使用,能通过命令控制画笔作画,了解变量链表的原理,并能通过变量链表制作富有创意的作品
	万花筒	
	七彩旋律	
	律动音符	
Scratch 互动媒体	声控动画	接触各种硬件设备,将各类Scratch传感器引入课堂,学习通过声音控制动画,并尝试连接更多的传感器硬件设备,了解各类传感器的使用方法,感受互动多媒体作品的魅力
	定时台灯	
	警报器	
	手势开关Scratch入门	

①乍浦天妃小学,《一起来玩Scratch》拓展性校本课程纲要,http://www.zhsjhdw.com/show.aspx?tid=35&nid=2548,访问日期:2020年7月10日。

上述课程根据Scratch学习的过程,从Scratch基础、Scratch动画、Scratch游戏、Scratch进阶、Scratch创意六大单元对课程整体进行了设计,不同单元间采用连贯的递进式设计,难度逐渐增加,根据其难度安排到对应的年级中。每个单元采用项目化的方式,将Scratch的具体操作方式融入有趣的项目中,不仅帮助学生掌握了Scratch的操作和使用,同时也帮助学生学会像计算机科学家一样去思考问题和解决问题。另外,每个学生的经验都是独一无二的,同样的项目,学生将出现不一样的解决问题的方式。所以这类项目的设计不仅仅有利于培养学生的操作能力,同样也能培养学生利用信息技术进行创新的能力。

七、职业认知与体验类拓展性课程

当今社会分工越来越精细,职业的种类也越来越多元化,且不断涌现着新的职业。早期参与职业认知与体验类课程,能够帮助学生尽早形成正确的劳动观念,树立良好的职业情感、态度与价值观。另外,从长远看,对职业的认知和体验还可能影响自身职业的选择,对整个社会来说,良好的职业认知和体验不仅是社会稳定的因素,同时每位学生都可能是职业的创新者,他们可以给社会发展带来新的活力。

当前小学生参与职业认知与体验的渠道单一,一些学生在校外职业体验中心有过经历,但是依托学校教育体系的活动相对较少。从目前已有的课程体系看,主要是综合实践活动课程和道德与法治课程中承载了一部分职业认知和体验教学,但未成体系,所以教师可以尝试开发职业体验类的拓展性课程作为学生认知和体验职业生活的主要途径,帮助学生建立正确的职业认知,引导他们尝试着规划未来的职业生涯,对生活充满希冀和憧憬。

(一)职业认知与体验类课程的目标

职业认知与体验类课程主要是帮助学生深入认知、体验某些职业角色,一般需要学生在实际工作岗位上或模拟情境中见习或实习,如军训、学工、学农等,帮助学生认识职业的内容、价值和工作环境,获得对职业生活的真切理解,发现自己的专长,培养职业兴趣,形成正确的劳动观念和人生志向,提升生涯规划能力。所以职业类课程属于活动课程,目的不是单纯了解职业相关的知识,而是强调在活动中促进知情意行的全面发展,涵盖了知识与技能、过程与方法、情感态度与价值观三个维度。从目标的定位来看,又可以分为近期目标和远期目标。

表2-31　职业认知与体验类拓展性课程的目标

维度	近期目标	远期目标
知识与技能	通过查阅资料,现场观摩、体验等,了解该职业的主要工作内容、方式、环境与价值等	了解不同职业的工作内容、方式,了解当前主要的职业类别,以及职业发展的趋势
过程与方法	在操作与体验中初步掌握相关职业的工作技能与方法,培养与活动相关的信息获取、解决问题与思维发展能力	掌握职业规划的方法和步骤,能尝试进行自己的职业规划,并能进行未来新型职业的设计
情感态度与价值观	在深入了解该职业特性的基础上,理解劳动者所付出的劳动和产生的价值,能够尊重该行业的劳动者	建立积极的职业观与劳动观,能尊重各行各业的劳动者,并对未来的职业充满期待

　　表2-31向读者展示了职业认知与体验类拓展性课程目标内容。近期目标与远期目标主要差别在于时间定位的不同,近期目标着眼于当前时间和当前职业,远期目标则面向未来和整个的社会职业体系。由于课程的开展需要以某一具体的职业为载体,所以近期目标大多和当前所选定的职业密切相关。面向当前职业的具体认知、感知与体验,了解这个职业工作者所付出的努力,敬重该职业的从业者,是实现远期目标的基础。远期目标则是对近期目标的升华,引导学生将对特定职业的体验升级到对社会职业本身的认识与体验,是一个职业的泛化过程,把学生对特定职业的情感推衍到社会上所有其他正规的职业,尊重不同行业的劳动者,知道职业不分贵贱,从而建立起积极向上的职业观,旨在帮助学生对职业有一个更加清晰和全面的认识,并能为自己的未来职业做规划。当然,这种规划不同于成年人的职业规划,这种规划带有更多的想象力和憧憬性,而且日后从事该职业的概率可能很低,但是它能把"职业"本身带入学生的视野,提高对社会各项职业的敏感性,明确自己的内心需求,对于日后正式的职业规划起着方向引导与方法指导的作用。所以,在职业生涯规划的教学上,教师可以降低目标要求,根据学生的年龄特点,鼓励他们采用画画、语言表达、职业规划方案等多种方式来表达自己的职业规划,其中以方案形式表达的职业规划主要集中在高年级段。

　　从三维目标的角度看:知识与技能方面的目标主要偏向于认识职业的一些外在属性,如工作内容、工作方式与环境、职业发展情况等,是较为表层化的内容;过程与方法主要强调"做"的过程,偏重在动手实践中掌握当前职业的工作技能与方法,以及职业规划的过程与方法;情感态度与价值观难度主要在于引导学生认识当前特定职业劳动者所付出的劳动和产生的价值,尊重该行业的劳动者,理解职业平等,能尊重各行各业的劳动者,建立积极的职业观与劳动观。

所以,在课程目标设计时,教师须同时兼顾三维目标,近期目标和长远目标。比如,小学五年级的拓展性课程"了解我们身边的职业"从认识职业的整体特征入手,选择了身边常见又极具代表性的教师、医生、消防员、警察、清洁工、快递员、产业工人等职业,帮助学生深入了解不同的职业特性。其课程目标设计如下:

(1)认识职业是一种基本的社会现象,能关注身边不同的职业,主动了解不同职业的工作内容、特性与价值。

(2)通过实地调查、视频观看、讨论和现场体验等方式,深入认识教师、医生、消防员、警察、清洁工、快递员等种常见的职业。了解这些职业的工作环境、工作内容、基本特性与价值,感知这些职业所面临的工作问题,意识到每个职业都有优缺点。

(3)能在实地调查、现场体验、网络查询等活动中获取相关职业的信息,提升获取信息、问题解决与合作沟通的能力。

(4)通过对不同职业特性与现状的认识,意识到职业都是平等的,无高低贵贱之分,能对不同的职业持正确的看法,树立正确的职业观。

(5)根据对职业特性的认识,能对自己未来的职业有一个初步的设想和规划。

该目标包含了对常见职业的工作环境、工作内容与工作特性的认知,学生信息获取、问题解决与合作沟通能力的培养,以及对这几种职业价值的认同等近期的目标,同时也关注了学生职业观、职业规划能力培养等长期的目标;另外,也很好地涵盖了三维目标。

(二)职业认知与体验类课程的内容设计

社会职业千万种,因受到年龄特点及教学条件的限制,不是所有的职业都可以纳入课程。从职业偏向来看,有传统的职业,如医生、教师、警察,也有一些新兴的职业,如理财规划师、全媒体运营师等;有些职业较为受欢迎,社会地位较高,也有些职业工作劳累,但是并不被看好,如快递员、外卖员等;另外有些职业可能还存在着争议,如网络主播。这些各具特色的职业共同构成了当前社会复杂的职业体系,也是学生需要全面了解的职业体系。所以课程设计时应从各个维度选择较有代表性的职业,既有常见的职业,又有新兴的职业,尽量向学生呈现完整的社会职业体系,但同时也要考虑可操作性,尽可能与学生生活相联系。这种多样性的选择将为学生认知、体验职业和日后的职业选择提供更多的可能性。

职业体验类课程的设计因目标的偏重、学生的年龄特点,而呈现不一样的设计思路,整体来说主要包括三类:泛职业的内容设计、偏向特定职业的嵌套式内容设计、创新倾向的内容设计。

1.泛职业的内容设计

泛职业的内容设计往往会涉及多种职业,在较短的课时内让学生认识生活中多种常见的职业,了解"职业"这种社会形式,建立正确的职业观和劳动观念,尊重别人的劳动成果,并且有兴趣自主认识生活中的其他职业,尝试探索自己所喜欢的职业。一般这类课程适合年龄段较低的学生,帮助学生建立对职业的初步认识和感知,了解职业的基本特性。由于这类课程在短期内涉及的职业较多,课时较少,所以安排的实践活动相对较少,有些可以与家庭教育、课余活动相结合,教学过程中以结合实践的口头交流与讨论等方式为主,很少涉及时间较长的职业体验与实践。

表2-32　小学三年级拓展性课程"我身边的职业"

主题	主要内容
职业是什么	了解职业是一种常见的社会分工形式,每一种职业有其特定的工作内容和要求
我身边的职业	结合课后访谈,了解自己家庭成员或其他熟悉的人的职业,知道这种职业的工作内容、要求和职业价值
我喜爱的职业	结合课余调查和访谈,深入了解自己喜爱职业的工作内容和要求,可以以表格或图画等形式记录下该职业的一日工作图谱。说说为什么自己喜欢这个职业
不要忘记他们	结合观察和访谈等形式,记录一种生活中容易被忽视或看低的职业,可以以故事、图画等形式进行讨论交流
我想做什么?	说说自己长大最想做的职业,以图片和文字的形式跟大家进行交流
未来的职业	根据当前的职业,以图画等形式畅想未来可能存在的一些职业,讨论交流

表2-32是小学三年级的拓展性课程,主要目的是让学生从整体上对职业这种社会分工形式有初步的认知,了解身边常见职业的工作内容、形式和要求,且对自己的未来职业有一个初步的设想。从内容的设计来看,实际上可以分成三个层次:

第一个层次是从整体上初步认知职业。课程首先安排了"职业是什么""我身边的职业"两个主题,帮助学生整体上认知什么是职业,以及身边各种各样的职业。"职业是什么"主要是让孩子基本认识职业这种社会分工形式,而"我身边的职业"则结合学生的生活实际,了解身边最熟悉的人的职业,从感性上初步认知职业的多样性与基本特性。

第二个层次是从不同侧面深入了解职业的特性。在这一层次上先结合学生的喜好以及职业特性,安排了"我喜爱的职业"和"不要忘记他们"两个主题,实际上是从众多的职业中选择了对学生影响最大，最可能触动学生的职业进行深入了解。"我喜爱的职业"因为喜爱，使得学生有更多的动力去探究这个职业本身。实际上，很多学生喜欢某一职业只是看到了该职业的表面情况，并没有认识职业的真实情况。所以通过课余调查和访谈能帮助学生深入了解该职业背后的故事，学会更加全面地去认知某一职业。这种设计实际上也是基于大部分职业的特性。往往有些人只看到某一职业好的一面，但是可能没有看到该职业背后所付出的努力。所以实际上这也是对学生观察和思维方式的一种培养。而"不要忘记他们"则完全从另一个角度帮助学生去认知职业，了解一些默默无闻，甚至被人误解的职业，认知这些职业的艰辛与伟大。所以，通过"我喜爱的职业"和"不要忘记他们"两个主题上帮助学生从不同角度去认识生活中的职业。

第三个层次是拓展提升阶段，是在前面已经形成对职业基本认识的基础上的拓展，安排了"我想做什么"和"未来的职业"两个主题。"我想做什么"实际上是一个初步的职业规划，但是采用更加有趣的方式，形式灵活，是非正式的规划，与学生的年龄特点相对应。主要是引导学生结合前期对职业的了解，以图片和文字的形式表达自己未来的职业理想。"未来的职业"并不是指学生未来将要从事的职业，而是引导学生根据自己对职业的了解以及对社会的认知，进行一次职业创新设计，这与当前职业更新迭代的速度相关，但本质上是利用了小学生无拘无束的想象与创新能力。

通过上述三个层次的主题设计，学生将全方位建立起对生活中职业的认识，认识到不同职业是平等的。这种泛职业的课程设计涉及的职业种类多，且三年级学生语言表达、绘画能力较强，书面表达能力较弱，课程实施中并没有让学生进行沉浸式的体验，而是更多采用寻找职业对象进行访谈调查的方法，以非正式的口头讨论和交流的方式进行。比如，该课程的开篇"职业是什么"主要目的在于让学生从整体上了解职业是一种普遍的社会现象，每种职业有着特定的工作内容和要求，且在社会系统中发挥着各自独有的作用，没有高低之分。这个要求"泛"而不"深"，所以教师可以先提供相应的采访提纲让学生在课前进行调查，并且以一种相对比较形象的方式展开与学生的"职业"对话之旅。比如下文的案例中，教师以"千人蛋糕"为引子，引导学生关注职业这种普遍的社会现象，进而帮助学生意识到每种职业就像一部机器上的螺丝钉，它们都有着特定的工作内容，相互分工，起着自己特有的作用。所以，每一种职业都应该得到我们的尊重。而且每一种职业都对从业者有着特定的素质与能力要求，如果想要从事某一职业，必须要尽早规划，做好相应的准备。整个教学过程并没有采用枯燥的说教,而是通过猜一猜、议一议、连一连,以及课前调查、课上访谈和设计规划等多种方式,让学生在活动中潜移默化地了解了职业的基本特性。

小学三年级拓展性课程"千人蛋糕:职业到底是什么?"活动设计①

活动目标:

1.通过课前调查和访谈,知道职业是一种普遍的社会现象,认识生活中几种常见的职业。

2.通过头脑风暴法讨论"千人蛋糕"的由来,知道不同的职业都在社会系统中发挥着各自的作用,明白每种职业有着特定的工作内容。

3.在"连一连"和讨论中知道每种职业都对从业者有着具体的素质与能力要求。

4.在活动中对职业世界产生好奇心和兴趣,能主动去获得更多和职业相关的信息。

活动重点:激发对职业世界的好奇心,能积极去探索。

活动难点:感知每种职业都对从业者有着一定的要求。

活动准备:

1.学生准备:课前参考职业采访提纲,采访家人及周边人员所从事的职业,或了解自己感兴趣的某项职业。

2.教师准备:职业采访提纲,连连看作业单,学生职业规划表单。

活动过程:

(一)导入:猜一猜,初识职业

1.有这样一种职业,被称之为"城市的美容师",猜猜它是哪个职业?(环卫工人)

2.有这样一种职业,被称之为"人类的灵魂工程师",猜猜它是哪个职业?(教师)

(二)头脑风暴,剖析"千人蛋糕",直观感知每种职业都在系统中发挥着作用

1.猜一猜,激发学生对"千人蛋糕"的好奇。

教师:老师这里有一块神奇的蛋糕,这是一块花了将近一千人的心血才制作出来的蛋糕,你们猜猜它长什么样子?

2.教师展示蛋糕,引导学生讨论"千人蛋糕"名称的由来。

教师:看,这就是"千人蛋糕",知道它为什么叫"千人蛋糕"吗?

---

①毛政弘:《千人蛋糕——小学高年级团体辅导课之"认识职业"》,《中小学心理健康教育》2017年第27期,第41-43页,收入时有较大改动。

（1）教师提问，引导学生思考蛋糕的由来。

问题1：蛋糕有哪些组成成分，这些成分是哪里来的，由谁提供？

问题2：蛋糕是怎么做出来的，做的过程用到了什么工具，这些工具又是怎么来的？

（2）小组讨论蛋糕的由来，深入了解"千人蛋糕"名字的真正含义。

（3）小组分享讨论结果，感知一个蛋糕需要众多职业的共同合作完成，了解职业的特性。

教师小结：一个蛋糕就需要这么多职业共同合作完成可见，每一种职业都在社会中发挥着自己独特的作用，所以我们应该尊重每一种职业的从业者。

（三）交流课前调查结果，深入感知职业的社会特性

教师：制作一块小小的蛋糕离不开各行各业的人们来参与，那么你们知道社会的正常运转，背后需要多少种各种各样的职业吗？我们国家专门出版了一本《职业分类大典》，将我们国家的职业分为八大类，总共有1481种小类呢！这些职业里有你感兴趣和熟悉的职业吗？

1. 学生根据课前调查，分享自己所调查的职业。

2. 根据学生的交流情况，教师再介绍几种职业，引导学生认识身边的职业，感知职业的社会特性。

教师小结：职业是一种最普遍的社会现象，我们身边存在各种各样的职业，有些职业在不断的发展和变化，有些新的职业也正在产生，每种职业都在社会生活中扮演着重要的角色。

（四）职业"连一连"，认识职业对从业者的要求

1. 学生完成"连连看"作业单。

教师出示"连连看"作业单，引导学生根据调查和日常的观察，将每一种职业和对应的要求连起来。

2. 学生分享连连看结果，讨论感受，感知每一种职业对从业者都有其特定的要求。

3. 学生根据调查结果小组讨论，说说这些职业需要具备哪些素质，集体交流。

教师小结：看来不是谁都可以从事任何职业的，每一种职业都对从业者有着特定的要求，所以如果你想从事特定的职业就必须要先提升自己的职业素质和能力。

（五）拓展延伸，早做规划

教师：每种职业都有特定的从业要求，那么你长大了以后想做什么呢？该怎么去做呢？

1.学生同桌讨论,说说自己以后最想从事什么职业,这个职业需要具备哪些素质?

2.每个学生试着做一个简单的职业规划。

学生在下发的表格里写上以后想从事的职业,从事该职业需要的素质和能力,以及自己的初步提升计划。

3.学生交流分享,互相传阅,互提建议。

教师总结:今天我们认识了我们身边一种普遍的社会现象——职业。每一种职业都在社会生活中发挥着其独特的作用,我们应该尊重每一种职业的从业者。每一种职业都对从业者有着特定的要求,如果我们想要从事相关的职业,就要明白这种职业的特定要求,并且一步一个脚印,逐步去提升自己的职业素养,希望大家都可以实现自己的职业愿望。

附件A:职业采访提纲　　附件B:连连看作业单

职业采访提纲

1.我的(爸爸/妈妈/其他人)所从事的是什么职业?

2.这项职业的工作内容是什么?

3.这项职业对从业者的要求是什么?

4.这项职业有什么意义?

5.除此以外,我身边还有哪些职业?

6.我对身边的哪个职业比较感兴趣?为什么?

以下这些职业分别需哪些能力或素质,请用线连一连。

职业	素质
外交家	擅长某项运动
作家	精通建筑知识
建筑工程师	商业头脑
科学家	文学知识丰富
歌手	歌唱能力
考古工作者	钻研精神
运动员	精通外语
模特	救死扶伤的信念
医生	良好体型
商人	精通历史

附件C:职业规划书

我的职业规划

我最想从事的职业是:＿＿＿＿＿＿＿＿＿＿＿＿＿＿＿

它需要以下素质和能力:＿＿＿＿＿＿＿＿＿＿＿＿＿

我准备这样做:

1.＿＿＿＿＿＿＿＿＿＿＿＿＿＿＿＿＿＿＿＿＿＿＿＿

2.＿＿＿＿＿＿＿＿＿＿＿＿＿＿＿＿＿＿＿＿＿＿＿＿

3.＿＿＿＿＿＿＿＿＿＿＿＿＿＿＿＿＿＿＿＿＿＿＿＿

4.＿＿＿＿＿＿＿＿＿＿＿＿＿＿＿＿＿＿＿＿＿＿＿＿

2.偏向特定职业的嵌套式内容设计

为了学生能更加深入地理解一些职业的特性,课程设计时可以选择几类具有代表性的职业,让学生通过调查、访谈、模拟、实践的方式进一步了解该职业的特点。这种情况下,每种职业学习和体验所需的课时更多,教学的形式更加多样,学生的体验也会更加深刻。同时,为了保持课程体系的完整性,在集中关注特定职业的基础上,同样需要提升学生对职业这一社会现象的综合看法,或者设计相关的职业规划课程。所以根据其特点,我们可以称之为偏向特定职业的嵌套式设计,在兼顾整体职业认识和体验基础上对特定职业的深入了解。如果仔细分析,我们会发现这种设计实际上是泛职业类课程设计的升级,可以与泛职业类课程构成螺旋式上升的关系。先在低中段采用泛职业的设计,引导学生从整体上认知职业这种社会现象,然后在高龄段选择几种具有代表性的职业进行深入认知。如表2-33是面向高年级的课程"了解我们身边的职业"的课程内容设计。

表2-33　小学高年级"了解我们身边的职业"拓展性课程设计

年级	主题	具体内容
五年级	说说我们身边的职业	1.导入,以相关的职业故事开始讨论,初步了解社会上各种各样的职业; 2.说说自己对不同职业的了解和看法
	救死扶伤的白衣天使——医生	1.小组合作采访医生,戴口罩体验医生工作,了解医生的工作日常; 2.看纪录片,了解医生职业惊心动魄的一面; 3.看新闻,了解当前医生面临的困难,讨论
	最美的逆行者——消防员	1.看视频,讨论、了解消防员工作的危险性; 2.走进消防队,了解消防员的日常生活,学习消防知识; 3.收集故事,了解消防员的伟大; 4.别让消防员冒险:消防知识竞赛
	辛勤的园丁——教师	1.讨论,你心目中的教师工作是怎么样的; 2.选择一位你最喜爱的老师进行采访,了解教师的一日工作; 3.换位体验,在一段时间内,班级同学按计划轮流当值日小老师,感受老师的一日工作; 4.给老师的一封信:给自己最爱的老师写一封信
	人民的保卫者——警察	1.各种各样的警察:看视频,了解警察的不同种类及职能,如交警、缉毒警、刑警等; 2.警察叔叔讲故事,请警察叔叔到学校里讲一下平时工作中的故事; 3.故事比赛:我的警察故事

表 2-33 （续表）

年级	主题	具体内容
六年级	路上的奔波者 ——快递员	1.走近快递员:到某快递公司参观,了解快递员的工作环境及工作强度; 2.快递分拣体验; 3.听快递员讲自己的快递生涯,感受快递员工作的不易; 4.故事收集与分享:那些暖心的快递员的故事
	环境的美容师 ——清洁工人	1.看视频《清洁工的一天》,结合前期访谈讨论; 2.清洁工职业生活体验; 3."最美的身影"摄影与绘画比赛,展示交流; 4.看视频《请为他们留一盏灯》,讨论:我们该为他们做些什么?
	社会的创造者 ——产业工人	1.走访参观学校周边的工厂型企业,访谈工人,了解他们的一日工作; 2.寻找适合的岗位,体验产业工人的辛苦工作; 3.看视频,了解在我国发展过程中产业工人所发挥的巨大价值; 4.寻访身边最美工人,进行摄影或写作比赛
	改革的开拓者 ——企业家	1.寻访身边的企业,与企业家座谈,了解企业家的奋斗过程; 2.请企业家到班里做讲座,了解奋斗的过程与艰辛; 3.收集企业家的故事,进行讲故事比赛; 4.讨论企业家的成长带给我们的启示
	说说我眼中 的职业	1.说说你眼中的这些职业是怎么样的,总结上述不同职业的工作内容与特性; 2.讨论:我们该如何对待不同的职业者; 3.说说你未来想要从事的职业

上述课程整体上采用了前后呼应的设计,在形形色色的职业中选择了身边较为常见,但是又比较有代表性的职业让学生深入了解,提升了学生对职业的认知和体验。开始的导入课程以职业故事开始,引导学生了解社会上各种各样的职业,说说自己对不同职业的了解和看法,这是学生对各种职业的初始认知。而在课程最后的总结阶段,既是对整体课程的总结,又是帮助学生进一步整理自己心目中的各种职业,是对第一堂课内容的升华,前后呼应,课程整体设计完整。

除去导入和总结的课程外,课程的主体选择了医生、消防员、教师、警察、快递员、清洁工人、产业工人和企业家八种不同的职业。这里既有通常认为较为光鲜的职业,如医生和教师,也有让人肃然起敬的消防员和警察;有默默无闻的产业工人,也有可以力挽狂澜的企业家;有新时代的职业快递员,也有让很多人忽视,却一直享受着他们劳动成果的清洁工。可以说这些职业实际上是社会生活中各种职业类型的缩影,同时也是学生在生活中常见的职业。课程设计时给每一个职业安排了较多的课时,通过实地参观、访谈、看视频讨论、实践体验等方式让学生深入认知这些职业的特点,引导学生不光看到有些职业表面的光鲜,也看到背后的艰辛和付出;不光看到有些职业被人忽视,同时看到他们的付出与伟大,明白职业不分高低贵贱的道理。

一般来说,为了深入认知和体验某一职业,这类课程的设计流程主要包括以下几个关键要素:前期职业认知;选择或设计职业情境;实际岗位演练;总结、反思和交流经历过程,概括提炼经验,行动应用。

(1)前期职业认知,了解职业特性。

前期职业认知是在正式体验前,先帮助学生建立对该职业的初步印象,了解职业的基本内容与性质。主要包括两大部分:一是帮助学生反思、了解自己对该职业的看法;二是通过视频、讨论等方式帮助学生初步建立对该职业的看法。

①反思"前印象",悬置看法。实际上在正式进入课堂之前,基于每个人的生活经历,学生已经形成了对某一职业的"前印象",但是这些印象往往带上了自己或周边人思想的烙印,并不准确,甚至带有一些刻板或歪曲的印象。这种前印象可能是积极的,也可能是消极的,但是总体来说都相对片面,会对之后的职业认知产生较大的影响。这种影响可能是正向的,也可能是负向的。教师可以先引导学生了解、反思自己对该职业的认知。但是教师不需要对印象下一个结论,只要"悬置"即可。这种前期经验将作为后期学习的基础,也有可能因为后期认知产生的巨大反差,而给学生巨大的触动。另外,这个过程实际上也是对学生前期经验的摸底,以便在之后的课程中逐步引导学生意识到这些看法存在问题。

②以媒介为依托,初步认知职业。在正式体验之前,教师可以借助多种方法帮助学生初步了解相关职业的特性。这个阶段可用的方法有很多,从形式上看,可以分为课内和课外两种。课内是指教师与学生在课堂内就某一职业展开讨论。讨论可以依托相关的视频,如纪录片、电影片段等都可以,只要能够反映职业的真实特性。比如关于消防员职业的课程,在正式进入消防队体验前,教师先让学生观看消防员工作的视频,包括救火的危险场面、日常帮助大家处理紧急事件的暖心场面,从而帮助学生形成对消防员的初步印象。在学生的心中,消防员一直是一个高大的英雄形象。而在这里,学生将了解到一个高大又

暖心的形象。

课堂外主要是引导学生在课前对相关职业的人员进行调查或采访。如上述课程在建立学生对医生和产业工人的职业认知前,教师都安排学生事先对这两类职业进行了访谈。这种采访既锻炼了学生的语言交流能力,又帮助学生建立了职业印象,也为后续课堂教学提供了素材。除了走出去,教师也可以邀请相关人士来校进行职业介绍,以讲座为契机,借机开展接下来的教学。但是不管哪一种,最终教师都需要引导学生对职业进行初步讨论,在讨论中了解各项职业的基本工作内容与要求,比如:医生工作的专业性要求高,在成为一名医生前需要进行专业系统的训练;教师工作首要的是师德等。

(2)根据职业特性,选择或设计职业情境。

对于职业的认知离不开亲身体验,所以在前期初步认识的基础上,教师需提供给学生体验的场所或情境。虽然体验讲究的是真实性,但是由于学生的体验时间有限,教师需要从该职业的多个场景与内容中选择适合学生体验,且能集中体现该职业特点的内容,进行精心设计。

职业体验情境的设计由于涉及资源的问题,具有一定的难度。教师要善于利用资源,特别是利用学校的一些活动机会和实践基地。比如,利用社会服务的契机,引导学生在参加志愿者活动的过程中体会清洁工的辛苦;利用119消防日的机会走进消防队,体验消防员的生活等。另外,学校有各种类型的实践基地,比如博物馆,教师可以让学生以讲解员的身份参与,感受讲解员的职业特性。同时,善用学校的学农基地则可以帮助学生感受农民的不易。但是不管是哪种情境,都必须要能体现职业的特性。像互联网职业作为目前社会最主要的职业之一,学生看到了其光鲜的一面,却看不到辛苦的一面。而和快递员的接触更多集中在快递员工作的末端,学生并不能真正体验该职业的性质。在具体的设计时,教师需综合考虑其职业性质,将职业多方面特性一起纳入情境中。

(3)感受职业特性,实际岗位演练。

在这一个步骤中,学生将全方位进入情境中深入感知、体验职业的特性。

岗位演练最怕流于形式,所以在正式"上岗"前要让学生明确本次演练的目的,做好充分准备。教师可以任务单的形式呈现要求学生在情境中完成的任务,并以问题启发学生思考和感悟。

比如在"路上的奔波者——快递员"一课中,教师可以带学生进入学校附近的快递网点,然后给学生填写如图2-19所示的任务单。

	1.观察快递员的工作流程和工作内容。
任务单	2.采访一位快递员,了解他的一日工作作息和具体工作内容,以及其他感兴趣的问题。
	3.现场体验快递分拣工作。

采访记录

活动体验

图2-19　××快递体验任务单

　　一般在实践岗位体验时,活动就已经具备了双导师制的条件,由该职业的从业人员和学校教师共同指导。由于教师对于一些岗位并不熟悉,往往要以实践岗位的专业人士指导为主,学校教师为辅。这就要求在岗位体验前,教师需要提前和实践单位联系,聘请相关的专业人士参与学生的指导。

　　学校教师在指导时可以根据实际情况,采用多种不同的身份。比如在军训过程中,有些动作难度较高,学生一下子无法掌握时,教师可以以平行式参与的方式加入军训中,和学生一起进行训练,而学生则可以通过对教师的观察和模仿习得动作。但是对于一些技术要求较高的活动,比如学农活动中农作物的栽培技术等,则更需要教师以指导者的身份参与,指出学生的问题,并引导他们采用正确的方法操作。

　　(4)总结、反思和交流,提炼经验,行动应用。

　　当学生完成职业体验重新回到课堂后,教师便可以组织学生对该职业的特性进行讨论和思考,对参与活动的体验进行交流,并引导他们尝试将这些体验用于之后的学习和生活中。主要包括以下几个方面:该职业主要做什么? 任务是什么? 你在参与过程中有怎样的感受? 你以后会从事这项职业吗? 对于从事这项职业的人,你以前的想法和态度是怎样的? 以后你会怎么做? ……这些内容基本涵盖了职业的任务和特性,以及学生对该职业的体验和看法,并且能帮助学生逐步建立起职业平等的观念,在之后的生活中更好地尊重不同的职业。同时,对于学生日后的职业规划也有一定的帮助。

　　所以,结合上述四个阶段,师生在每个阶段的身份和任务均存在一定的差异,如表2-34所示。

表2-34 职业体验类课程中学生与教师的任务分配

主要任务与内容	学生		教师	
	身份	任务	身份	任务
初步认识与感知职业特性	参与者	参与、讨论	引导者	提供问题、素材,引导学生讨论
选择与设计合适的职业情境	——	——	设计者与引导者	选择或设计职业情境;设计任务单
深入感知、体验职业特性	参与者	参与情境,体验职业	引导者和指导者	引导学生在体验中感知和思考
交流、反思,提炼职业特性	讨论与反思者	讨论活动体验,交流职业特性,进行职业规划	引导者和指导者	组织学生讨论和总结对职业的体验和感受,并引导学生正确看待不同的职业,激发学生进行职业规划的欲望

由表2-34可见,在整个职业体验过程中,学生是活动的主体,他们讨论、思考和体验职业特性,交流、反思和总结职业特性,进行职业规划,而教师更多是以引导者的身份,帮助学生更好地参与活动,感知职业的特性。

下文的案例便是将情境、体验、访谈等多种形式相结合,并按照建立前期职业认知—设计职业情境,实际岗位体验—总结交流,提炼经验,行动应用的流程,将消防员这一职业真正带入了学生的视野。

小学五年级拓展性课程"最美的逆行者——消防员"主题教学设计

教学目标:

1.走进消防队,了解消防员的日常工作与生活,知道他们的主要工作内容与职责。

2.观看视频与分享故事,感受消防员工作的危险性以及消防员的伟大。

3.通过消防知识竞赛,掌握基本的消防知识,并能在生活中积极防范火灾,不为消防员叔叔添麻烦。

4.能通过海报、口头宣传等方式,积极向身边的人宣传消防知识,人人争做消防讲解员。

教学重点:了解消防员工作的主要内容和工作的危险性;学习基本的消防知识。

教学难点:在和消防员的接触中,了解他们真实的生活,并积极行动起来,主动进行消防知识宣传。

教学准备:消防知识竞赛题和相关视频;事先联系好消

防队,进行体验式学习。

教学过程:

(一)谈话导入,反思心中的消防员印象

我们身边有各种各样的职业,但是有一种职业非常特殊,他们总是与一些危险的场景联系在一起,它就是"消防员"。在你的心目中,消防员叔叔的主要工作是什么?这份职业在你的眼里是怎么样的?

(二)观看视频,了解消防员工作的危险性与繁杂性

1.了解消防员本领的强大,以及其工作的繁杂性。

(1)教师播放视频,包括消防员救火、震后搜救、救落水者,甚至是救援困在树上的动物等视频。

(2)讨论:消防员叔叔的工作主要包括哪些内容?

教师引导学生认识到消防员的工作不仅是救火,还包括了很多其他的工作,引导学生感知消防员工作的繁杂性。

(3)讨论:消防员叔叔这么厉害,那我们是不是什么事都要去麻烦他们?

引导学生在生活中注意安全,比如不要往有洞的地方钻,尽量不给消防员添麻烦。

2.感受消防员工作的危险性。

(1)再次播放消防员救火的场景。讨论:消防员叔叔的工作给你的感觉是什么样的?引导学生感知消防员工作的危险性。

(2)播放近几年消防员伤亡的数据,让学生深刻感知这份工作的危险性。

(三)走进消防队,体验消防员的日常

1.学一学:跟消防员叔叔学消防知识。

消防员为学生讲解消防知识,并且进行现场演示,学生现场操作学习。

2.听一听:了解消防员的工作与生活。

听消防员讲述日常的工作和生活,参观消防队,深入了解他们的生活。

3.问一问:采访消防员叔叔。

每位同学采访一位消防员,听听他为什么选择做

反思前印象:了解学生对消防员这一职业的看法,同时也是帮助学生反思自己心目中的消防员形象,以便在后期进行修正或升华。

依托媒介,初步认知职业,为实际体验做准备:通过观看视频的方式帮助学生初步了解消防员的工作内容与性质,特别是关于消防员工作繁杂性的讨论可以修正一些学生原有不正确的印象,有些学生仅仅将消防员职业与灭火相对应。

精心设计职业体验活动,参加岗位演练,感受职业特性:根据消防员职业的特性,设计了学一学、听一听、问一问等活动环节,帮助学生学习消防知识。

消防员,遇到危险的时候他是怎么想的,感受其生命的温度。

(四)收集和分享故事,了解消防员的伟大

1.学生收集消防员的相关故事,与全班同学分享。

2.讨论:说说我能为消防员叔叔做什么?

(五)不为消防员叔叔添麻烦:消防知识大赛

引导学生积极学习消防知识,参加消防知识大赛。

(六)争做消防宣传员

1.讨论:学习消防知识不仅要从自身做起,还也可以通过自己的努力,让身边的人学习和了解消防知识,我们可以怎么做?

引导学生选择适合自己的方式,比如以海报、口头宣传等方式积极进行消防知识宣传。

2.我是消防宣传员展示。

将学生进行消防宣传的照片进行展示。

> 总结、反思和交流,积极行动:在了解消防员工作和生活的基础上,从自身做起,从为他人服务做起,积极学习消防知识和宣传消防知识。

3.创新倾向的职业课程设计

随着时代的发展,各种新的职业不断涌现,不可否认的是,学生长大以后所从事的可能是完全不同于现在的职业。一是未来会出现许多当前根本不存在的职业,二是当前很多看似非常稳定的职业,比如教师、医生等职业可能也会随着科技发展以及社会需求的变化而发生巨大的改变。所以,当前的职业体验与教育不仅需要探究如何帮助学生适应当前已有的职业,更需要提前谋划,帮助他们适应未来的职业,鼓励他们探索创造新的职业。落实到具体教育活动中:一方面,教育的目标要指向于适应职业发展的一般能力,而非指向于某个职业的特定技能,所以职业体验教育不同于岗前培训;另一方面需要将目标放在帮助学生树立对职业的正确看法和正确的劳动价值观上;最后,在可能的情况下,结合时代发展的趋势,尝试培养学生对未来职业的创造能力。当然,这种职业创新不是完全脱离现实的一种天方夜谭,而应该引导学生根据现有条件对未来的职业进行规划与创新。

从当前的情况来看,这种创新倾向的职业类课程又可以分成两个层次:一是对当前已有职业的创新与规划;二是指向于未来新型职业的创新型职业课程设计与规划。

(1)基于当前已有职业的职业创新课程。

随着科技的进步,各种职业都在发生着变化,比如:人们可以在家办公;清洁工由一线体力劳动者变成远程的技术操控者,他们不再需要拿着扫帚打扫街道,而是只要远程控制自动清扫车进行清扫;做手术的除了医生外,还有可能是机器人,如果想治病救人,除了做传统的医生外,通过对先进手术机器人的操控也可以实现;教师除了在教室里传道授业解惑,同样也可以通过网络进行远程教学……上述职业已经不同于我们传统的职业印象,事实上当前也正在发生。这些变化,一是以该职业的目标和特性为基础,这是核心。比如不管教师和医生的职业形式发生怎样的变化,但是他们最终都是为了救死扶伤和教书育人。二是随着技术和人们生活方式及需求的变化而变化。所以这类课程的设计实际上是建立在该职业的发展变化基础上,可以包括三个部分:职业的历史、职业的现在和职业的未来发展。在了解职业的发展历史以及当前职业特性的基础上,引导学生对职业的未来进行探索与设计。但是,一种职业的未来成年人尚且说不清,更别说是小学生了。所以,这类课程本质上是让学生在了解职业本质的基础上,根据职业发展的趋势,结合学生的想象力与创新性,对该职业的未来进行规划,同时也是训练学生想象力和思维能力的过程。

比如,当前城市里的孩子对于农民这个职业知之甚少,甚至可能还停留在古诗《悯农》的插图上,教师可以设计如表2-35所示的课程内容,延展学生对农民这一职业的了解。

表2-35 小学六年级"农民职业之未来"课程设计

主题	主要内容	主要目的
农民之初见	1.课堂讨论对农民这一身份或职业的看法,填写表格《我心目中的农民形象》,教师发放表格,学生写下自己的想法,画下自己的内心图景; 2.对学生的不同看法和图景进行讨论,分析缘由; 3.讨论了解农民这一职业的工作内容和方法,为后续课程做准备。比如,通过访谈和观察,了解农民的劳作方式,包括使用的工具,遇到虫害时如何处理等;种植农作物的类型、水利设施、收入、生活水平等	反观自身印象,明确学习方法
古代农民的劳作	1.课前学生收集和古代农民的劳作方式、收成、生活状况相关的诗歌、画、小说等; 2.课上讨论古代农民的劳作方式、使用工具、遇到的困难、投入产出比、收成与生活状况等,勾勒古代农民的生活图景,发表对古代农民身份的看法; 3.通过短文、图画等形式表达自己的想法	感知古代农耕时代的农民身份,落后的耕作方式以及极差的生活水平
现代农民的劳作	1.学生收集新中国成立后到20世纪末农民生活图景的相关材料,包括小说、照片等,并采访年纪大的知情人员,或者农业技术相关人员等,了解那段时间的主要劳作方式、使用工具、农田基本情况、收入状况等,可以表格或访谈、调查等形式体现; 2.讨论分析这个时代农民生活的基本样态	感知新中国成立以后农民已经开始逐步使用拖拉机等进行耕作,以及当时的基本生活样态

表2-35 （续表）

主题	主要内容	主要目的
当今农民的工作	事先拟好提纲对相关农民进行访谈，了解当前农民的耕作方式、对农作物的看法，以及生活状况，分析当前农民劳作方式发生的巨大变化，如耕作的机械化、规模化，但同时也需要了解大量农民选择进入工厂，年轻一代不会种田等问题	了解当前大量农民职业与身份的变化，以及耕作方式的变化
未来农民的图景	1.总结上述三个不同时期农民劳作方式、农民身份、生活水平及心理的变化，以及农村所发生的变化； 2.讨论未来的农村变化，感知农民从一种身份向职业的转变，以及科技发展给农民职业带来的变化； 3.讨论勾画未来的农民职业，可以用语言、图片等方式描述未来农民这份职业的基本工作样态，如规模化、科技化的方法，以及虽然作为农民，但是其本身状态的改变	基于历史与当前农民这一职业或身份的变化情况，对未来农民这一职业进行全方位的畅想、规划和设计，改变之前单一刻板的印象

上述课程以时间顺序进行设计，最后落脚在对未来农民这一职业的规划与设计，即"未来农民的图景"。但是未来事物的变化必定以当前状况为基础，因而在前面分别设计了"农民之初见""古代农民的劳作""现代农民的劳作""当今农民的工作"四大板块。综合运用访谈、查找资料、讨论等方式让学生在了解中国农民生活图景变迁的基础上，描绘与规划未来的农民图景。"农民"是国之基础，学生对于农民这一职业变化的了解，能够帮助学生更好地尊重农民，知道"汗滴禾下土"。对其未来图景的规划和描绘则能帮助学生改变对农民的刻板印象，改变对农民生活"困苦"以及"田里刨食"的看法。随着无人机等现代科技的投入使用，智慧农业的发展以及农业的规模化，未来的农民更可能和医生、教师、公务员等一样，只是一种职业，而非身份。这种思想观念的变化，甚至可能改变这些学生未来的择业观，更能在未来吸引更多对农业有兴趣的人加入农业，从而推动农业走向"新型农业"。

这类课程需要学生事先做好调查，能发表自己的看法，且有较高的思维水平，由历史与当前推导未来，而不是单纯的幻想，所以安排在高年级段较为合适。在课时上可以灵活安排，每一板块可以安排2～3课时，在一个学期内完成，且需要设计相应的任务表，引导学生进行调查与访谈等。

(2)指向于未来新型职业的创新型职业课程。

有些职业自古有之，有些职业却是最近几年才出现。小学生的社会阅历不够，对社会与职业的了解不足成了其职业创新的制约因素，但这同样也是创新的有利因素，能帮助他们跳脱于成人的固化思维。由于这类课程难度较大，且课程内容较少，可以将其与一般的职业体验课程相联系，在学生认知与体验了一般职业之后引导学生进行创新性设计，安排单次或几次课程即可。表2-36为某老师设计的"我想创造的未来职业"课程具体环节与内容的基本安排。

表2-36 "未来我想创造的职业"课程设计

阶段	基本环节与流程	具体内容	所需课时
一	导入，进入主题	引导学生思考身边哪些需求有专门的职业来满足，以小组为单位，设计调查方案	2
二	小组调查	以小组为单位，调查人们在日常生活中还有哪些需求需要新型的职业来满足	2
三	课上讨论，集思广益	课堂交流，根据课前调查，讨论人们需要什么样的职业，验证可行性	3
四	进行职业设计规划	小组设计相应的职业规划，填写新型职业设计与规划文本	3
五	分享交流，修改	新型职业规划交流，互相提建议，修改	3
六	职业展示	寻找合适的方法，在班级里进行职业展示，如演说、文本演示等	3

引导学生进行职业创新设计不同于无任何依据的幻想，在设计时必须找到现实的依托点。所有的职业都起源于供求关系，要根据人们的需求进行职业定制。所以课程开始时教师要引导学生发现生活中哪些地方需要专门的职业来满足需求，引导学生调查人们生活的需求，课前教师发放"新型职业需求调查表"（图2-20）让学生进行实地调查，了解人们对新型职业的需求，据此设计新型的职业。

新型职业需求调查表

小组人员：

调查对象：

调查方式：

调查结果：

我们想设计的新型职业名称：

新型职业的具体描述：

图2-20 新型职业需求调查表样式

调查之后,学生需要在课堂上互相交流,验证可行性,然后再以小组为单位进行职业设计。设计职业时教师需要引导学生了解设计一个新型职业必须要考虑的几个问题,比如该职业的道德或核心要求,从事该职业的收入来源,职业对从业者的基本要求等。为了更好地帮助学生进行规划和设计,教师也可以设计如图2-21所示的职业设计与规划书进行引导。

（×××）职业设计与规划书

职业名称：

职业道德或核心要求：

职业的收入来源：

职业对从业者的基本要求：

职业的具体描述：

图2-21　职业设计与规划书样式

学生的设计文本出来以后,教师可以安排学生再次就设计文案进行分享和交流,引导同学间对不同文案的可行性等进行提问和讨论,之后进一步修改文本。最后一个环节为展示阶段,教师可以为学生提供相对宽阔一点的场地,如校园或多功能厅等处,让学生以"摆摊"的形式进行职业展示。即学生以小组为单位,以口头阐述、实际演示等方式向评委们展示自己所设计的新型职业,包括职业的工作目标、内容和方式等。如果可能,学生也可以动手设计独具特色的职业服装,丰富自己的展示内容。本次活动的评委是全班的学生,大家可以就各个小组设计的职业做出评价并打分,选出自己最喜欢,或者未来最有可能出现的职业。活动结束后,教师也可以将活动的照片、文本等进行展示。所以,这种新型职业的设计与规划课程同时兼具着锻炼学生观察、思考、规划及展示的能力,对于全面提升学生的素养具有较大作用。

另外,课程开始前学生对职业需求的调查可能会在调查范围和职业类型上都较为受限,设计出来的职业也可能会存在一定的类同性。基于职业的多领域特性,为扩大学生的设计领域面,教师可以为学生设置一定的领域板块,从而使学生设计的职业更容易覆盖多样化的职业领域。比如,教师可以先让学生对职业进行简单的领域划分,让学生认识到职业的多样性和交叉性,在此基础上选取几大基本的领域进行课程板块的设计,包括农业、商业、工业、科学研究、教育、医疗等,让学生在这些板块中寻找灵感,进行职业设计,当然也可以进行多领域的交叉设计。

但是不管选择何种方式,作为一项面向小学生的拓展性课程,由于受到时空等因素的限制,教师需在考虑现实因素的基础上进行通盘设计。一般来说,影响学生对一项职业印象的形成主要是对职业特性的认识以及参与过程中的情感体验。所以,教师在课程设计时既要包括认知成分,又要包括情感成分,以实践体验为主。

八、自我身份认同与多元文化类拓展性课程

当今世界是个多元化的世界,如果学生对于世界的多元化认识不足,既有可能盲目接受国外文化、不重视本民族文化,也有可能故步自封、盲目排斥外在的文化、以自我为中心。不管哪一种,对于学生个人和整个国家的发展都存在一些不利的影响。所以,学校教育既要培养学生对自我身份、自身文化的认同,建立民族和国家的认同感,同时也要帮助学生更好地认识整个世界,能够认同和接纳当今世界的多元文化。其中,对自我身份的认同和对世界多元文化的认识相辅相成、缺一不可。自我认同是根,多元文化是拓展。当前小学除道德与

法治课程中存在上述部分相关的内容外,其他课程很少涉及,且不成体系。所以教师可以尝试进行一系列完整课程的设计,且这类课程往往涉及心理、地理、历史等多门学科,需要教师将这些学科融会贯通,设计时也需要花费较多的时间和精力。

（一）自我身份认同与多元文化类拓展性课程的目标

对于这类课程目标的认识,既要关注文化本身的特性,又要关注课程设计时学生的接受能力。如果以学生自身为圆心,以同心圆的方式,便可以将课程目标分为对自我的认识、对家庭及家庭成员的认识、对班级与学校的认识、对社区及家乡的认识、对国家与民族的认识、对世界与多元文化的认识六个层面(图2-22)。事实上,这个逐步扩展的同心圆也正是教师带领学生逐渐从认识自我到认识世界的过程,从而不断完善学生对于这个世界的认识,最终建立起正确的人生观、价值观和世界观。由于文化世界的复杂性,这类课程目标设计时需要注意以下两点:

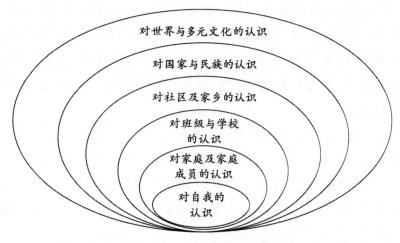

图2-22　课程目标的层次示意图

1.文化与三维目标的契合性

对自身的认同,或者对某一文化的认同需要植根于内心信念,浮于表面的认识往往只是简单的接受,而不能深入内心。比如,学生对中华优秀传统文化的认同,必然是植根于对我国悠久历史和璀璨文化的由衷自豪,而不是简单的知道我国历史上有几大发明、几大名著就可以了。所以,相较于其他课程的三维目标,这类课程目标的三维性已经不是单纯的基于课程设计,而是植根于文化特性本身。因此,在涉及知识与技能、过程与方法、情感态度与价值观三个维度时,也必须注意与文化本身的契合性。

知识与技能方面的目标主要涉及学生对自身、周边环境、民族与国家、世界地理与人文等方面的认识。这些内容涵盖面广，涉及学科多样，既有自然科学、生态环境方面的知识，也囊括了社会活动、国家历史、政治与文化、人文风情等知识。所以，教师要充分学习和收集与课程内容相关的知识。

说教式的教学不利于学生对知识和文化的认同，所以应多采用活动的形式，将社会文化相关内容呈现在学生眼前。因此，过程与方法目标主要指向于两类：一类是和课程学习内容密切相关的特定过程、方法与技巧。比如，节日是我国传统文化中极其重要的部分，大部分节日都有特定的活动和仪式。课程设计时应尽量让学生参与这些活动，像端午节包粽子、做香囊，清明节做青团，春节剪窗花等。这些过程、方法和技巧都可作为过程性目标，但这类特定的目标迁移性相对较小。另一类则指向于具有较强迁移性的学习过程、方法与思维等。比如课程开展过程中经常需要学生通过网络检索、现场调查与访谈等方法搜集信息和资料，学会获取信息的方法，掌握解决问题的过程，培养思维能力，以及和他人进行沟通、交流的能力。

由于真正的认同是沉淀于内心深处的认同，所以情感态度与价值观的目标是这类课程的重点。一般来说主要通过活动唤起学生心底对自我、民族和国家的情感，培养积极的态度，进而形成正确的价值观。所以这种情感性目标也可以分成三个层次，一是对自我的认同，二是对家乡、民族和国家的认同与自豪感，三是对世界多元文化的接纳与包容。课程设计时往往遵循由近及远的原则，从自我的认同逐渐过渡到对世界多元文化的接纳与包容。

2.目标内容的层次性与递进性

从内容的角度看，这类课程实际上内含了两个方面的目标：一是帮助学生完成对自我身份的认同，即认识自我、民族与国家，并建立对自我、民族与国家的认同感；二是认识、包容和接纳世界的多元性，即从直观上认识世界，感知世界的多元化特征，从而实现对世界不同国家、不同生活方式和不同文化的接纳与包容。以上两个目标之间是递进式的关系，对自我身份的认同是认识与包容世界多元文化的基础。所以课程开设时，教师不可急于为学生展示世界的多样性，而应先着力于帮助学生扎实自我认同的根，使他们从骨子里认同自己的民族、国家，再去拥抱整个世界。

另外，除这两者的递进式关系外，教师必须注意"认识"和"认同"本质上的差异性。"认识"是对客观世界直观上的认知，是较为浅层的，"认同"则是在认识基础上内心和情感的共鸣和接受。所以，课程实施中能否引导学生从浅层的"认识"走向深层的"认同"也是衡量课程目标是否达成的标志。由此，这类课程的具体目标便可以分解为表2-37所示的层次。

表2-37　自我身份认同与世界多元文化拓展性课程的具体目标

目标层次	具体目标
自我身份的认同	1.充分认识自己,知道自己的外貌和情绪特征,了解自己的优点和缺点,能认同并接纳自己,具有自信心和自尊心; 2.认识自己的家庭成员,包括家庭成员的身份和职业,家庭成员间的关系;知道每个人在家庭中扮演的角色和该承担的责任,尊重家庭成员,热爱自己的家庭,培养对家庭的责任感; 3.认识老师和同学,能交到朋友,尊敬老师,明确自己在班级、学校里的角色,实现角色认同,热爱自己的班级和学校,培养集体荣誉感; 4.认识自己所在的社区或家乡,了解社区或家乡的地理位置、自然与人文景物、特产等,热爱自己的家乡; 5.认识自己的国家,知道国旗、国徽等国家象征性的标志,了解祖国的优秀传统文化、历史、名胜古迹和人文风情,培养对祖国的热爱之情; 6.知道中华民族是一个由56个民族组成的大家庭,了解不同民族的传统文化,尊重不同民族的文化与生活习惯
对世界多元文化的认识	1.知道世界上存在许多不同的国家,不同国家在文化和习惯上存在一定的差异性; 2.认识几个有代表性的国家,了解这些国家的地理特色与人文风俗; 3.能尊重不同国家的生活习惯; 4.知道整个世界是一个整体,大家需要通力合作,向往和平

从表2-37可见,对自我身份的认同实际上可以分解为对于自然人身份的认同和社会人身份的认同,尤其偏重在学生对于自己作为社会人身份的认识、感知、接受和认同。课程首先将学生置于家庭、班级和学校、社区和家乡、民族和国家的不同环境中,帮助学生认识到自己的社会身份和社会关系,从而实现对自身角色的充分认同,建立起自信心、自尊心、集体荣誉感,以及坚定的家国情怀。然后将其置于整个世界文化中,引导学生了解世界文化的多元性,并能正确看待文化的多样性,尊重和接纳不同的文化。但是这种接纳和尊重始终是建立在对自我身份的认同之上,从而避免了因世界多元文化冲击所带来的迷茫和不确定性。

(二)自我身份认同与多元文化拓展性课程的内容

根据本课程目标的六个层次,课程设计时既可以囊括所有的六个层面,形成完整的内容梯度,也可以从中任选一个或几个层面进行局部性的设计。但是不管从哪个层面设计,教师都需要清楚每个层面上可供纳入课程的具体内容,以及坚持在学生自我身份认同的基础上,引导学生形成对世界文化的正确看法。

1.对自我的认识

在心理学上,自我认知指的是个人对自己的洞察和理解,包括自我观察和自我评价两个部分。所以对自我的认识实际上是一个引导学生全面、客观认识自己,正确看待和评估自己的优点和缺点,从而达到自我认同和悦纳自己的过程。从过程来看,自我认识实际上包含了认识和评价两个部分,且整个过程中糅合了个人的生活经验和情绪情感等多种要素,需要调动个人的意志等来调节自身的行为,从而达到最终的目标。所以课程设计时,除引导学生"认识"外,教师还需通过情境创设、讨论、反思等多种方式,调动学生从知、情、意、行等各个方面全面参与。

从内容看,自我认识可以包括外貌、优点和缺点、兴趣和爱好、个性特征等各个方面,主要分为外在和内在两个方面。外在的主要是能认识自己的外貌,接纳自己外貌的缺陷或不足,明白内在美比外在美更为重要。内在主要是认识自己的长处和短处,了解自己的能力倾向,学会取长补短。既能正视自己的缺点,悦纳和接受自己的短处,又能充分发挥自己的长处。同时,教师也可以引导学生认识自己的情绪和性格特征,学会控制自己的情绪,学会与人相处;认识自己的不足,培养积极的兴趣和爱好。所以,自我认识是多方面的,教师可以根据学生的实际情况设计主题。比如设计"镜子里的我",引导学生学会看待和欣赏自己的外貌;设计"晒晒我的本领",引导学生发现和挖掘自己的优点,学会发挥自己的长处,培养自信心;设计"我的缺点我不怕",引导学生客观认识自己的缺点,积极进取,扬长避短;设计"我的喜怒哀乐""做情绪的主人",引导学生正确认识自己的情绪,并学会控制自己的情绪等。由于受年龄阶段的限制,学会认识自我、认识和控制自己的情绪并不容易,教师要善于挖掘各种课程资源。比如近年来在情绪认知和控制方面出现了很多非常好的绘本,像法国的《小保罗》就是一本很不错的情绪绘本,它将比较抽象的情绪以色彩的方式呈现在孩子面前,帮助孩子更好地控制自己的情绪。

2.对家庭及家庭成员的认识

对家庭的认识也是学生自我身份认同的一部分,有些学生因为对自己家庭的不认可而出现了自卑、叛逆,甚至是自暴自弃等心理和行为。由于各个家庭在物质方面差异巨大,家长给子女提供的物质条件差异也比较大。所以这类主题的课程一方面要引导学生正确看待家庭物质生活的差异,拒绝互相攀比,另一方面将课程重点放在对家庭成员关系、家庭责任等方面的认识,引导学生从心里去感受家庭成员之间的相互关爱,最终实现对自己家庭角色的认同。

总的来说,对家庭的认识既包括对家庭的基本情况的认识,也包括了人与人之间关系层面上的认识。具体包括:知道自己家的住址,了解家庭周边的环境;了解家庭成员的基本情况,比如各成员的兴趣爱好、所从事的职业;正确认识家庭成员间的分工,相处的方式及各自的责任;理解家庭成员间的关系,感受家庭成员间的关爱,懂得该如何处理家庭成员间的关系,关爱家人,能为家人做一些力所能及的事。比如教师可以设计"欢迎来我家做客"等主题,通过给客人做邀请卡的形式,让学生深入了解自己的家庭基本情况;设计"说说我爸爸""说说我妈妈"等主题,以为爸爸妈妈设计名片的形式,引导学生深入了解家庭成员的职业、兴趣和爱好等,同时利用中秋节等节日,设计"我爱我家""我们这一家"等活动,从情感联系的角度,让学生更加深入地感知家庭成员间的互相关爱,并能主动感知生活中那些常被忽视,但却饱含温暖的细节;能用自己的方式表达自己对家人的爱,主动承担一些家务劳动,培养对家庭的责任感。

3. 对班级及学校的认识

班级是一个小型的社会,同时又是学生接触社会的第一个场所,对班级及学校的认同能提升学生的归属感。在班级层面,教师可以设计"说说我们的班级""我最喜爱的老师""我的同桌"等主题,包括认识班级成员及其特长,感知每个人在班级中的重要性,能与同学友好相处;认识老师,了解每个老师的特点,能用正确的方式和老师交流,可以向老师表达自己的见解或看法;知道班级的名称、口号,具有班级荣誉感。在学校层面,可以设计"我的学校""我最爱学校的××"等主题,引导学生了解校训和校史,清楚学校的地理位置及学校环境;了解学校各个设施的基本功能和用法,喜欢并热爱自己的学校。

4. 对社区及家乡的认识

对于社区及家乡的深入认识,能帮助学生更好地认识自己的生活环境,提升生活技能,同时也能深入了解家乡的发展,培养热爱家乡的情感。具体来说主要包括了认识社区或家乡的地理环境、景物、历史与历史人物、特产以及风俗习惯等。这部分内容设计时教师需注意生源与地区环境的差异,特别是城乡发展的差异。比如,农村学校可以设计"说说我们村这十年"等主题,让学生收集自己村庄这十年的发展资料,从历史纵向发展的角度感知家乡的发展,也可以描绘一下村子未来的发展前景;"说说我们的社区""美丽的家乡"等主题则可以从当前的时间点切入,让学生从社区布局、村庄景物等各个方面深入了解自己所在社区或村庄的基本情况;"家乡的历史名人"等主题则可以让学生通过调查、走访相关人物,参观纪念馆、博物馆等方式,深入了解家乡一些著名的人物及其历史地位。当然,也可以设计"夸夸家乡的特产""说说家乡的风俗"等主题,让学生对自己家乡的风俗或特产有深入的了解。整体上看,这些内容都循着纵向的时间线索或者横向的空间线索,让学生深入地了解家乡,明白"家乡"在一个人生命中的重要性,找到人生的归属感。教师上课时也可以引入李白的《静夜思》等古诗,以渲染情境。

5.对国家与民族的认识

中国是四大文明古国中唯一一个文明没有断代的国家,拥有5 000多年连绵不断的文明。所以要让学生深入了解祖国和民族的文化传承,既要关注当前,又要关注历史,既要关注物质的,又要关注精神的。如果把这些内容简单分类一下,大致可以包括以下几个方面(如图2-23所示)。

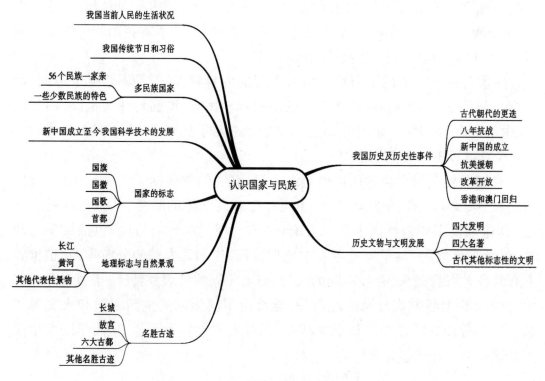

图2-23　对国家与民族认识的内容分类示意图

对于国家与民族的认识包括多个方面,既有历史的,又有当前的;既有物质的,又有人文的。大致主要包括三个层面:我国的一些标志性的事物;我国的历史和重要的历史性事件与标志;当前的政治、经济、科技与生活状况。

在标志性事物方面:一是引导学生了解与国家主权相关的一些标志,如国旗、国徽、国歌、首都等;二是我国一些重要的地理性标志或自然景观,比如黄河被喻为母亲河,是中华文明的源头,长江以及其他一些重要的自然景观也与中华文明息息相关;三是我国的一些标志性的名胜古迹,它们是中华文明发展的见证者,如长城、故宫、六大古都等。

学习与历史相关的内容方面:一是我国的历史发展和一些重要的历史性事件,既包括了我国古代朝代更迭、兴衰等历史,更需要让学生了解近现代中华民族发展的一些标志性事件,比如八年抗日战争、新中国成立、抗美援朝战争、改革开放、香港和澳门的回归等;二是一些重要的历史文物与其他非物质文化遗产,比如四大名著、四大发明等。

对当前的了解主要涵盖了我国人民的生活状况、科学技术的发展情况以及传统的节日和习俗等。在科学技术发展方面,可以引导学生了解新中国成立以后我国科学技术的发展状况以及一些标志性的成果,比如两弹一星,以及近年来我国在空间技术方面取得的巨大进步。在人民的生活方面,可以让学生认识到,我国是一个多民族国家,了解几个主要民族的特色;了解我国的传统节日和习俗,尊重各个地区人们生活方式的差异等。

国家与民族方面的学习可以引入课程的内容颇多,但是不管哪个方面,最终都是帮助学生更加客观地认识自己的国家和民族,增强对伟大祖国、中华民族、中华文化、中国共产党、中国特色社会主义的认同,铸牢中华民族共同体意识。

6.对世界多元文化的认识

对于世界多元文化的认识也是多个层面的,同样包括了历史与当前、自然与科技、人文与风俗等多个方面,主要在于开阔学生的眼界,认识世界的多元化,具体来说主要包括以下几个方面:了解近现代世界的历史,包括战争与和平,科学技术发展等;了解世界基本地理特征,比如几大洲的分布等;知道世界上有着各种各样的人,存在不同的人种,有着不同的外表和特征;了解世界一些主要国家的生活方式及风俗习惯等,能尊重不同国家的生活习惯和人文风俗等。这部分内容的教学以认识为基础,以尊重和包容为底色,从而帮助学生能更好地适应当前的多元化世界。

(三)自我身份认同与多元文化拓展性课程的设计与实施

这类课程的内容较多,总体涉及了六大板块,所以课程设计时需注意不同层次内容间的相互关联性。常见的是按照课程内容的层次结构,从自我认识开始,逐步向外拓展,将这些内容逐步安排到不同的年级,也可以以螺旋式组织的方式进行。另外,教师可以抓住某些核心问题,以此为核心,进行核心课程的组织。

1.中心拓展式的直线式设计

这类设计即以认识自己为中心,然后从认识自己、认识家庭、认识班级与学校、认识社区与家乡、认识国家与民族、认识世界及其多元文化的顺序,在每个年级设置相应的主题,整体上呈现出直线式的设置(如表2-38所示)。

表2-38　中心拓展式的直线式课程设计

年级	主题1	主题2	主题3	主题4	重点板块
一年级	说说我自己	我有很多优点	我很勇敢	伤心的时候	认识自己
二年级	我的家庭成员	我爱我家	爱需要表达	我为我家做件事	认识家庭
三年级	我的同桌	我们的老师	我的班级	我的学校	认识班级和学校
四年级	我家的社区	我的家乡	家乡的特产	家乡名人知多少	认识社区及家乡
五年级	我的祖国	祖国是个大花园	五十六个民族一家亲	上下五千年	认识国家与民族
六年级	我认识的世界	说说我了解的几个国家	各种各样的人	地球村	认识世界及多元文化

表2-38根据学生的年龄特点,将一到六年级分别与课程的六大板块相对应,选择了较为合适的主题,并注意了每一板块间不同主题间的关系。比如,二年级的重点是对家庭的认识,在板块设计时以"我的家庭成员"为基础,引导学生认识家庭成员的身份、职业、家庭角色,感知每个人在家庭中的重要性;之后根据家庭以"爱"和"责任"为基点的特征,以情感联系为纽带,设置了"我爱我家""爱需要表达""我为我家做件事"等主打情感的主题。先是以"爱"为题眼,激发学生爱家的情感,又设置了"爱需要表达"的主题,一反中国人含蓄的情感表达方式,引导学生学着在家人面前表达自己的情感,珍惜和家人在一起的美好时光。最后则将"爱"上升到了"责任"的层面,设置了"我为我家做件事",引导学生用实际行动来表达对家人的爱。实际上这一板块的四个主题间是以"认识""爱"和"责任"为线索的层层递进的关系。

另外,除上述主题的设计方式外,也可以根据内容的不同,进一步设置子课题,并相应地调整课时数。比如,在设计五年级"五十六个民族一家亲"这个主题时,如果想要学生更加深入地了解我国的少数民族文化,教师可以选择藏族、壮族、回族、维吾尔族等比较有特色的民族,从每个民族的饮食、服饰、语言、舞蹈等方面进行深入讲解,可以进一步衍生出子课题。同样,相对于六年级学生"地球村"本身是一个较为抽象的主题,教师可以将其设计为"地球村病了""相亲相爱的村民"等子课题,既让学生了解到目前地球在生态、战争等方面遇到的问题,同时又让大家了解到在一些大型自然灾害面前,不同国家间同呼吸共命运、相互帮助的温情,帮助孩子建立起正确的世界观。

2.逐层强化的螺旋式组织

较之直线式组织将六个板块的内容从内至外直线式分布到六个年级不同,螺旋式组织的方式使六个板块的内容在不同的年龄层次都有可能出现,但是不同年龄段内容的深度或广度都有所不同,整体上呈现不断加深的状态。

表2-39 逐层强化的螺旋式课程设计

年级	主题1	主题2	主题3	主题3
一年级	说说我自己	我的兴趣爱好	我的爸爸妈妈	我爱我家
二年级	我的同学	我的老师	我的班级	我的学校
三年级	说说我的家乡	我是中国人	各种各样的人	不一样的国家
四年级	别人眼中的我	我要更勇敢	相亲相爱的一家	爱需要表达
五年级	我最崇拜的同学	我爱的老师	一班、一班不一般	我为学校送礼物
六年级	家乡的那些名人	我爱我的祖国	复杂的世界	地球村

表2-39中课程内容虽然同样分布于1~6年级,但是我们可以很明显地看到,课程整体可以分为两个阶段,1~3年级为一个阶段,4~6年级为一个阶段,每个阶段都分别覆盖了六个板块的内容,每个板块的内容又随着年段的升高而逐步加深。比如在自我认识方面,一年级时"说说我自己""我的兴趣爱好"主要偏重于外貌、兴趣爱好等一些较为浅显的外在性认识,较为简单。四年级的"别人眼中的我""我要更勇敢"则是帮助学生认识自身的内在品质,学着从"别人"的角度审视自己,鼓励孩子更好的爱自己,学着突破自身限制,敢于去追寻自己的梦想。如果用马斯洛的需要层次理论来解释,即是指向了学生自我实现的需要。同样,在对世界的认识方面,三年级"各种各样的人""不一样的国家"主要帮助孩子认识世界的多元化,重点放在"不同"上,了解这个世界上存在很多不同的国家、不同的人种,帮助他们认识到一个差异化的世界。而六年级的"复杂的世界""地球村"则帮助他们更好地认识到世界的复杂化,以及各国间的互相协作与尊重才是世界繁荣的原因。

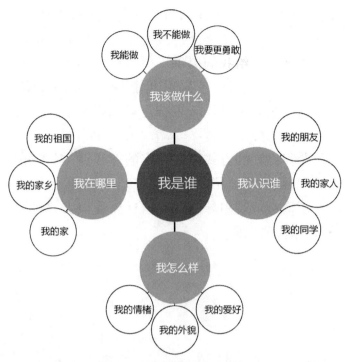

图2-24 "我是谁?"网络结构图

3.以问题为中心的核心式设计

除上述两种方式外,教师还可以从这一领域中寻找问题,以此问题为核心,衍生出与自我身份认识和多元文化相关的主题,构成课程的框架。比如,对于自我身份的认识实际上是对"我是谁?"这个问题的追问,所以教师可以以此问题为核心,从不同的角度进行课程的主题设计。图2-24所示便是由该问题依次衍生出了"我在哪里?""我认识谁?""我怎么样?""我该做什么?"四个问题,再由这四个问题衍生出了"我的情绪""我能做""我的家""我的朋友"等九个不同的子课题,所以便形成了表2-40所示的课程框架。

表2-40 小学低段自我身份认同拓展性课程"我是谁?"课程框架表

主题	子课题1	子课题2	子课题3
我怎么样	我的情绪	我的外貌	我的爱好
我认识谁	我的家人	我的朋友	我的同学
我该做什么	我能做	我不能做	我要更勇敢
我在哪里	我的家	我的家乡	我的祖国

实际上,从同一个问题出发,依据设计者经验的不同,往往会有不同的衍生

答案,从而呈现出完全不一样的主题网络图。所以这种设计既可以是教师的设计,也可以是在教师的引导下,由学生经过小组讨论后的集体设计。因此,这种以问题为中心的核心式设计给我们提供了更多课程结构设计的思路,尤其是在解决如何引导学生参与课程设计,使课程更好地与学生的经验相结合方面提供了很大的帮助。这种方法的关键在于了解这类课程所涉及的内容及核心思想,找准核心问题。

虽然上述三种课程设计的方式存在一定的差异性,但在每个具体活动的开展中又存在一定的相似性,既要帮助学生更好地了解自己、周边及这个世界,同时也要注意对学生正确价值观引导,包括爱自己、爱他人、爱祖国、爱和平,形成尊重自己、尊重他人的价值取向。

第三章 案例与经验

一、谢家湾小学拓展类课程实施分析

着力于通过建设学校课程体系蓄养学校特色文化,促进教师专业发展,提升教育教学质量,实现学校优质发展,已是当前深化教育改革的共识,在实践上也出现了一些成功案例。其中,谢家湾小学通过课程整合,实现了从以教材为中心的教育教学向以学生为中心的转变,有效解决了素质教育推行难、学生学业负担重等基础教育改革的瓶颈问题。学校本身成为教育教学改革的先进典型,得到快速发展。其把小学十几门国家课程整合为5(6)门的实践,成为竞相学习和研究的焦点。谢家湾小学成功整合国家课程的深层次经验包括:落实以人为本的学校文化建设;着力从课程层面解决教育教学问题;唤醒课程意识,开发课程资源,构建学校课程体系。

处于重庆市九龙坡区的谢家湾小学秉承"六年影响一生"的办学理念和"教育即影响"的教育思想,率先提出并建设了"红梅花儿开,朵朵放光彩"的主题型学校文化,引起了广泛关注。2005年始,他们又从课程整合切入,把小学十几门国家课程整合为阅读与生活、数学与实践、艺术与审美、运动与健康、科学与技术5门课程,[①]构建了"小梅花"学校课程体系,实现了从以教材为中心的教育教学向以学生为中心的转变。特别是在2014年4月,中央电视台新闻联播节目先后两次头条报道谢家湾小学课程实践,央视新闻直播间、社会与法治节目对此做了6余次的专题报道之后,谢家湾小学再次成为热议的焦点。人民网、《中国教育报》等媒体对谢家湾小学课程整合的专题报道达到30余次。到谢家湾小学考察学习的国内外教育同行如"影子校长""影子教师"等更是络绎不绝。应该说,谢家湾小学的课程整合实践是成功的,其经验是值得学习和推广的。特别是在对于课程整合"尚缺乏令人信服的实验效果及深度的实验分析可以证明理论所描述的整合的优越性"[②]的大背景下,谢家湾小学课程整合的出现,无论在

---

①2014年9月以后,谢家湾小学的学科课程重新整合为了6门:语文漫道、数学乐园、体育世界、英语交流、科学探秘和艺术生活。

②徐玉珍:《从学校的层面上看课程整合》,《课程·教材·教法》2012年第4期。

理论方面还是在实践方面,无论是在学校层面还是在国家层面,对于落实基础教育课程改革的要求都具有积极意义。在学习谢家湾课程整合经验的同时,更应该关注谢家湾小学是如何成功开展课程整合从而促进学校可持续发展的。

(一)落实以人为本的学校文化建设

学生的差异性要求学校兼顾每个学生的特点,因材施教。尊重学生的选择权和发展权,从而培养学生鲜活的个性,恰是以人为本学校文化的应有之义和实践要求。个性作为"个体在身心、才智、德行、技能等方面所形成的比较稳固而持久的独特特征的总和"[1],是"个体在生理素质和心理特征的基础上,通过社会和教育的影响及主体的社会实践活动"[2]形成的,而学校文化"具有指导学校办学方向、统一价值观念、引领师生教与学的行为的作用"[3]。因此,以人为本的学校文化能够为学生的个性发展提供条件和保障,是建设学生可选、能选、好选、选好的学校教育教学环境和工作机制的需要。特别是对于作为学生学校学习主要载体的课程,要满足学生的个性发展需求,更需有以人为本的学校文化作为依托,在坚持国家意志和教育方针的前提下,基于学生个性发展需要,对国家课程、地方课程和校本课程本身及其之间进行整合,建设消除三类课程界限的,纵向深化、横向贯通的学校课程体系。

重庆谢家湾小学基于"以文化经营学校,用发展提升品牌"的学校发展战略,在"六年影响一生"办学理念的指引下,建构了"红梅花儿开,朵朵放光彩"的"红梅文化""朵朵文化""开放文化"和"光彩文化"[4]。这四个方面的文化建设充分体现了以人为本的价值追求。它们的具体内容如下:

"红梅文化",即把师生视为花中珍品红梅,表达学校把教师和学生视为发展的核心和灵魂,珍视和关注人的发展和成长;"朵朵文化",即把每一个师生都看作是具有独特个性的人,充分认识、接纳和尊重每一个个体的独特之处,并以此作为其教育和发展的前提;"开放文化",即相信师生都是具有发展潜能的个体,是具有自我成长和发展能力的人,学校就是要为师生的发展,提供良好的环境和土壤;"光彩文化",即相信师生的发展是精彩的、有价值的、

---

①杨兆山:《教育学的"个性"概念》,《中国教育学刊》1996年第4期。
②同上。
③顾明远:《论学校文化建设》,《西南师范大学学报(人文社会科学版)》2006年第5期。
④刘希娅:《红梅花儿开,朵朵放光彩——重庆市谢家湾小学主题型学校文化建设的实践探索》,《中小学校长》2011年第6期。

独特的,要肯定、欣赏师生的每一点进步和成长,进而培育和展现师生自信、阳光的品质和心态。①

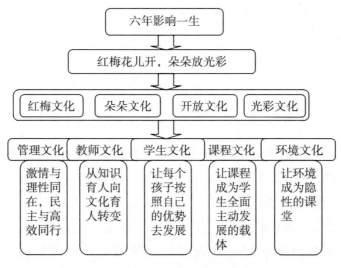

图3-1　谢家湾小学学校文化体系示意图

如图3-1所示,谢家湾小学还把这一价值追求渗透落实到学校教育教学的各个环节。如在学校管理文化建设方面,她们秉持"激情与理性同在,民主与高效同行"的理念,认为师生既是学校管理的对象,更是学校管理的执行者、参与者和监控者,强调学校工作的方方面面都以孩子的立场、孩子的体验、孩子的收获为首要选项。在教师文化建设上,谢家湾小学把"从知识育人向文化育人转变"作为学校教师文化建设的主题思想,建设了播撒眼光的校长文化、和谐开放的组织文化、崇尚个性的课堂文化和共享多元的绩效文化。在学生文化建设方面,谢家湾小学坚持"让每个孩子按照自己的优势去发展"的主题思想,建设特色鲜明具体的班级文化,开展关注全体学生、关注学生的全面发展和关注学生发展全过程的丰富多彩的活动,着力于实现学生阳光自信地成长、充满爱心地生活和良好习惯的修炼。在课程文化建设方面,遵循"让课程成为学生全面主动发展的载体"的课程文化建设主题,依据学生发展需要,在国家课程规范化,地方课程本土化和校本课程多样化的基础上,通过整合这三类课程,构建和实施了"小梅花"学校课程体系。在环境文化建设方面,把"让环境成为隐性的课堂"作为主题思想,设计了与主题相适应的文化符号,探索出了环境建设应遵循的功能性、思想性和发展性三个维度。

①刘希娅:《红梅花儿开,朵朵放光彩——重庆市谢家湾小学主题型学校文化建设的实践探索》,《中小学校长》2011年第6期。

"红梅花儿开,朵朵放光彩"的学校文化建设的顶层设计,管理文化、教师文化、学生文化、课程文化和环境文化及其主题的确立和实践,则把这一顶层设计落实到了学校教育教学工作的细微之处。两相结合而形成"孩子是校园的灵魂,任何工作都应该从孩子的立场出发,尊重孩子的体验,尊重孩子的成长作为一切工作的出发点和评价的根本标准"[①]的学校文化,为学校整合国家课程"蓄"足了"势"。

(二)着力从课程层面解决教育教学问题

课程改革是学校教育教学改革的核心内容之一。较之于教学改革偏重关注学校教育的有效性,课程改革更多是聚焦学校教育的合理性,尤其是偏重聚焦学生的知识、能力和情感态度价值观的继续发展、健全发展,并且强调教育教学的有效性应该服从和服务于此,而不是相反。教学改革的成功往往是以课程改革的整体推进为前提。如果学校课程没有进行相应的跟进,客观上就束缚了教学改革的进展,甚至会致使教学改革进入南辕北辙的境地。在大力推进基础教育课程改革,倡导建设满足素质教育要求的学校课程体系的时代背景下,学校层面的教育教学问题的解决势必需要唤醒校长和教师的课程意识,关注教育教学问题解决的合理性。

谢家湾小学针对课堂教学中教师教学的一言堂现象,为应试而教的课堂状态,以及学校教学评价内容和形式的僵化、单一等问题,于2010年春开始提出并实施了"对话课堂"建设,旨在引导教师从学生发展的角度定位教学的取向和策略,增加过程性评价和综合性评价,形成生动、生活、主动和互动的课堂教学生态。至2012年底,"对话课堂"在逐渐实现上述目标的同时,谢家湾小学的校长和教师越发地认识到:现有的课程体系限制着"对话课堂"的继续深入实施,因为目前的国家课程、地方课程中,语文、数学、品德与生活(社会)、综合实践活动、音乐、美术、体育、科学、英语、科技、书法等有十几门之多,再加上校本课程,小学阶段开设的课程就更繁多了。况且,课程本位观念深重,它们之间缺乏交流与沟通,导致课程内容的交叉重复,甚至同一课程在不同学段竟也存在内容的重复。也就在课程繁多和所有课程要求教师专职化的背景下,某一个课程的教师经常可能出现一份教案教两个班,或同时教一个年级好几个班的音乐、体育、英语、科学、综合实践活动等课程。有的品德与社会(生活)、综合实践活动等专职教师要教几个年级才能达到工作量。

---

①刘希娅:《六年影响一生——重庆市谢家湾小学办学理念解读》,《人民教育》2009年第8期。

一学期下来，很多教师甚至不认识所教过的学生。即便是只教两个班数学或语文的教师，在辅导学生、批改作业、反馈信息等方面都容易疲于应付，很难做到个性化的教学和指导。然而，如果某一教师只教一个班的一个学科，又完不成工作量，学校总课时也无法分解。他们的这一认识在政策层面恰是《基础教育课程改革纲要（试行）》所要改变的"课程结构过于强调学科本位、科目过多和缺乏整合的现状"，"课程内容'繁……'和过于注重书本知识的现状"，"课程管理过于集中的状况"[①]等；在理论层面就是"课程"与"教学"的彼此孤立问题。

基于此，谢家湾小学在保证国家课程的全面落实，教育教学目标不降低的前提下，组织全校骨干教师开展研究和提炼各个学科的学科精神及实现策略等活动，将国家课程、地方课程和校本课程进行深度融合。从课程内容重构、教学时间重置和人与课程的融合的三个维度，学科内整合、学科间整合与学科与生活整合的三个方面，自主安排学校课程，构建了以学生为中心的"小梅花"学校课程体系。其中，对国家课程的整合具体表现为以下三个方面：第一，在课程内容设置上，将国家课程、地方课程和校本课程的语文、数学、品德与生活（社会）、综合实践活动、音乐、美术、体育、写字、科学、英语、科技、书法等十几门课程，整合为阅读与生活、数学与实践、科学与科技、书法与审美、运动与健康五类课程，避免课程间、学段间教材内容的重复、交叉。第二，从课时分布上，上午长短课结合，主要进行国家课程的整合教学，下午则分段设置课程内容，低段学生每天下午都是自由选修活动；中段学生每周二、四进行运动、艺术类必修课，每周一、三、五下午进行自由选修活动；高段学生每周一、三、五进行运动或艺术类必修课，周二、四进行自由选修活动。第三，在课程实施主体方面，五门课程既有统一的学习过程，又有个性化的选择与实践空间、平台。她们一方面充分结合教师的个性优势和特长爱好进行课程安排，不再是一份教案上几个班的课，而是教师根据自己的优势特长上一个班的不同课程，保障与学生相处的充足时间和个性化指导学生发展的可能性；另一方面，在保证学生所达成的教育目标、内容、质量不降低的同时，学生可以根据自己的爱好特长进行不同阶段的个性化实践性学习，充分保障了学生的个性发展。如图3-2所示。

---

①中华人民共和国教育部：《基础教育课程改革纲要（试行）》，2001。

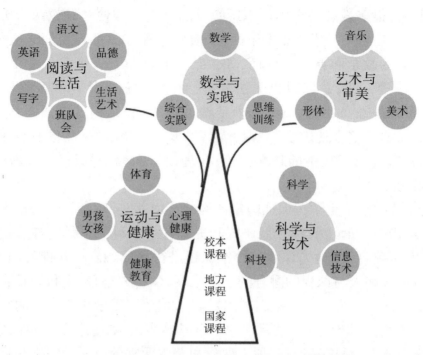

图3-2　谢家湾小学的课程整合与整合课程示意图

谢家湾小学的课程整合对其在教育教学实践中所遇问题解决,既是落实国家教育方针和教育改革的需要,也是把握住了世界教育的发展趋势,如芬兰小学教育就注重老师对孩子的成长陪伴,他们每个班级只有一名班级教师,小学生从一年级到六年级都是由这名教师教。该教师要教语言类、科学类、艺术类等多门课程,偶尔才会有一些走堂教师来协助教学。同时,谢家湾小学的课程整合也是辩证认识课程与教学关系的体现。从着力于课程层面来说,体现的是把课程通俗地理解为对"教什么"的偏重,把教学定位为"怎么教","教什么"的科学合理是教育教学活动的首要考虑,是"怎么教"的前提。因为对于不科学不合理的"教什么",无论"怎么教",如何的引人入胜、快捷高效,其结果只能是离教育教学目标越来越远。从课程层面解决教育教学问题来看,体现的是课程与教学是不可能分离得如此清楚的认识,毕竟如同杜威所讲:"方法不是什么外在的东西。方法不过是材料的有效的处理……我们能够识别行动的方法,并且单独讨论这个方法,但是,这个方法只是作为处理材料的方法存在。方法和教材并不是对立的。"①也就是说"怎么教"也就只是作为处理"教什么"的方法存在,即"怎么教"是"教什么"的"怎么教","教什么"是"怎么教"的"教什么"。在这个意义上,教学改革需有相应课程改革,反之亦然。然而,由于学校层面改革的着力点更多的是放在教

———————

① 约翰·杜威:《民主主义与教育》,王承绪译,人民教育出版社,2001,第181页。

学上,着力于从课程层面解决教育教学中遇到的问题应该是当务之急。

(三)唤醒课程意识,开发课程资源,构建学校课程体系

学校课程体系是学校文化的重要组成部分和核心载体,是衡量新课改提出的形成以人的发展为理念,重建促进学生全面发展的,适应不同学校和学生个人差异的课程结构目标的主要标准。学校在宏观把握国家教育方针、教育目的的基础上,依据学校办学理念、课程理念、培养目标、学生需要、校内外教育资源,对现行国家课程、地方课程和校本课程的课程再设计,需要唤醒和实践校长和教师在考虑教育教学问题时对于课程意义的敏感性和自觉性,开发"课程化"充足的课程资源,形成校本课程和国家课程、地方课程的校本化。其中,满足学生发展需求,适应学校办学定位,达成课程改革目标是根本依据;校长和教师的课程意识、足够的课程资源和一支骨干队伍是成功实施的保障;科学理解"课程",优化师资队伍,进行校本课程开发是实施的基本步骤。如图3-3所示。

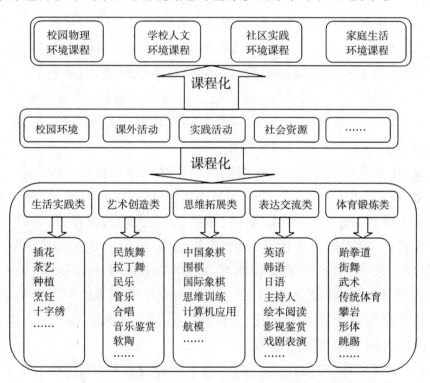

图3-3 谢家湾小学课程资源开发与"课程化"示意图

谢家湾小学在"六年影响一生"办学理念的指导下,积极组织教师深入学习讨论刘希娅校长的"教育即影响"的教育思想,促进其形成"凡是对孩子有影响的元素都是课程,凡是对孩子有意义的积极影响都是教育"的课程观。学校为了将这一课程观落到实处:

首先,在唤醒教师课程意识层面,它一方面通过"从知识育人走向文化育人"的教师文化建设,把教师从考什么教什么的习惯性教学思维方式,扭转为把"孩子的终身可持续发展"作为学校教育教学的唯一价值取向。鉴于多数教师不会主动放弃分数的现实,学校建立了各个学科专职化的教学管理格局。例如,为了防止挤占课时的低效教学,谢家湾小学特意对各个班教语文、数学的教师,不安排其任教本班的品德与生活(社会)、综合实践活动等其他课程,而是安排兼任其他年级的相关课程以阻隔课时挤占现象。这就在机制上迫使教师只能利用有限的规定课时进行教学,倒逼他们认识到只有专心研究教材、研究学生、精心备课,才能保证课程质量和考试成绩。另一方面,他们通过组织各种教研活动,促进教师的教学反思,深化教师对这一课程观的理解。如在对话课堂的阶段总结中,学校组织教师开展对话课堂大讨论,其间有100余位教师走上学校的各个论坛、讲台,分享他们在实施对话课堂中的经验和困惑,确认现行教学内容的组织和教学时间的分布阻碍了对话课堂进一步地深入开展,必须进行课程整合、构建学校课程体系才能实现教师高效地轻松教和学生高质量地轻松学,从而适应基于学生发展的课堂教学。同时,学校助力教师拓宽视野,鼓励教师主动发展。把教师培训放在学校最优先、最有价值投入的工作之列。为教师提供多层次学习的机会,通过教师进修、请专家驻校指导、请名师来校上课交流等方式和途径,提升教师教育教学的专业能力,为课程整合的开展储备了一支能干的教师队伍。

其次,在开发课程资源方面,谢家湾小学通过把其独特的校园环境当作隐形的课堂,把利用由减少学科课时形成的课余时间而开展的个性化选修课设计为开放的课程,把丰富的实践活动"课程化"为灵动的课程,把各种社会资源和来学校参观、检查等接待活动,设置为机动课程,形成了生活实践类、艺术创新类、思维拓展类、表达交流类和体育锻炼类等70余个社团课程,以及由校园物理环境、学校人文环境、社会实践环境和家庭生活环境四个维度构成的环境课程。这些课程资源的开发及其"课程化"的实践,势必需要更多的课程时间,这也就使整合国家课程成为必须。

最后,在课程体系建设方面,谢家湾小学充分意识到:学校教育教学目标的高效实现,必须达成社团课程、环境课程和国家课程的和谐统一。为此,他们无论是在课程资源开发及其"课程化"上,还是在国家课程的整合中,都始终以"六年影响一生"的办学理念为指引,实践"一切有积极影响的元素都是课程"的课程观,致力于"让每一个孩子按照自己的优势去发展"的培养目标,从而水到渠成地构建出以梅花的个性化和人性化、生命性和生活性为基本喻义的"小梅花"学校课程体系。

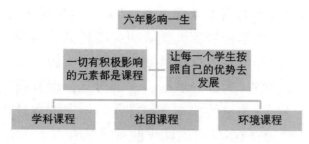

图3-4 "小梅花"学校课程体系示意图

图3-4所示课程体系及其课程整合,是把以人为本的学校文化落到实处的体现,是解决素质教育推进难、学业负担重等基础教育改革瓶颈问题的有效途径,是谢家湾小学教师的课程意识特别是校长的课程领导力结出的硕果。该校刘希娅校长就曾明确指出现有课程体系存在的三大突出问题和相应解决方案。前者是:"责任分担不明确,教育部门单打独斗疲于应付;课程设置过于集中,不适合素质教育;现有的各个学科内容交叉重复太多,课程门类太多。"[1]后者为:"整合资源,明确社会责任,树立新的课程观;从教育自身做起,简政放权,推进学校教育的课程整合;综合教学,从以教材为中心走向以孩子为中心。"[2]刘校长的这一认识既能说明谢家湾小学能够成功整合国家课程,构建出具有本校特色的课程体系的缘由,也分别为国家层面和学校层面解决教育难题进行了有益的探索,其课程整合实践又为这些难题的解决做出了可供参考的样本。

二、北京十一学校等中学的拓展类课程实施分析

北京十一学校、上海中学、山东省实验中学等学校在建设满足学生个性发展需要的学校课程方面已有成功的探索,并呈现出共同的建设策略:构建高选择性的学校课程,开展课程整合、多样化教学组织形式和强化课程领导等。这些学校在建设动力、管理者素质、师生群体、外部环境等方面也具有相似之处。对它们建设过程的分析和建设经验的提炼,既能为学校课程体系建设理论的构建提供素材支撑,也可为其他学校的课程体系建设所借鉴。

2014年9月,国务院印发的《关于深化考试招生制度改革的实施意见》所规划的文理不再分科,考试可以自选,打破一年一考,综合素质招生等高考制度的深度革命,势必倒逼学校设置满足学生个性发展需要的多样化课程,解决我国

①刘希娅:《基础教育改革需解决三大难题》,《中国经济时报》2014年3月18日。
②同上。

普通高中教育长期面临的课程的统一与学生差异需求之间的矛盾。虽然早在2003年教育部颁布的《普通高中课程方案(实验)》就规划了统一性与选择性相结合的课程体系,但正如李希贵等人调查研究所得到的结论:因为相关配套机制建设的落后,高中课程设置的选择性要求在地方实施中出现了很多问题,甚至出现了严重的异化现象:大部分地区将一部分选修课程设置为了必修课程,而将另一部分完全舍弃;大量的校本选修课程与国家课程处于两张皮的状态,于无形中增加学生负担;较多学校的课程改革多是着力于课堂教学这一微观层面,主要进行教与学方式方法的探索,依然是所有学生学习同样的课程;等等。[①]在这种情势下,即使在教法层面做到因材施教,由于依然是"万人一书""千人一面",也不可能满足学生个性差异、自主发展的需求。

北京十一学校、北京大学附属中学、上海中学、华东师范大学第二附属中学、复旦大学附属中学、山东省实验中学等学校基于上述问题和现状,开展了面向学生个性发展的学校课程建设,在学生全面而有个性的成长、教师专业发展、学校教育教学创新等方面取得了系列成就,获得了社会、家长和教育行政部门的认可和赞扬。他们的学校课程建设理念与条件的共性,应该可以看作是在课程层面实现学生个性发展和主动发展的科学认识和选择,从而也就可以给其他学校的课程建设提供参考。

(一)北京十一学校、上海中学等学校课程建设的理念分析

北京十一学校、北京大学附属中学、上海中学、华东师范大学第二附属中学、复旦大学附属中学、山东省实验中学等学校课程建设各不相同、各有特色,但就这些学校取得成功的主要经验来看,不同只是局部的、现象的,它们在学校课程建设所遵循的"理念"和获得成功的"条件"方面具有很多相似之处。这些相似之处作为上述学校课程建设取得成功的主要原因,在理念上主要表现为以下几个方面:

1.个性发展是人的全面发展的实质

半个多世纪以来,马克思的全面发展学说作为我们教育方针的基石从未移动过。他关于"人是人的最高本质"[②]的人的解放理论和"在现实世界中,个人有许多需要","他们的需要即他们的本性"[③]的对人本性的论述,是其全面发展学说的两大基础。其中,后一基础的"个人有许多需要"所包括的爱好、兴趣、志

①李希贵、秦建云、郭学军:《构建可供学生选择的普通高中学校课程体系的实践研究》,《教育学报》2014年第1期。
②《马克思恩格斯全集》(第1卷),人民出版社,1956,第461页。
③《马克思恩格斯全集》(第3卷),人民出版社,1960,第333页。

向、才能等,实质就是一个一个的个体的个性。而且,纵观马克思恩格斯的相关论述,后一基础既是前一基础的落脚点,也是前一基础的体现。如马克思认为取代资本主义"物的统治"的新的社会形态的特征是"建立在个人全面发展和他们共同的社会生产能力成为他们的社会财富这一基础上的自由个性"①,是在说明全面发展的落脚点是基于全面发展的自由个性的发展。同时,为了免除人的畸形发展,他们提出"轮流从一个生产部门转到另一个生产部门"的解决策略,所依据的恰是"社会需要或他们自己的爱好"②。也就是说全面发展是产生于个性发展之中的。另外,马克思关于全面发展的论述更多的是对个性发展的关注。如马克思对"多数个人"与"个人"的关系论述中,提到了"人类的才能的这种发展","个性的比较高度的发展"③。在论述剩余劳动的历史贡献时,认为它"为发展丰富的个性创造出物质条件"④。总结他的这些论述,正如张楚廷关于马克思全面发展学说的研究所得:全面发展在内容上,主要是个性的发展、丰富个性的发展、自由个性的发展;从量的方面讲,是全面发展;从内涵方面讲,是个性发展;综合起来讲,全面发展实质上是个性发展。⑤

学生个性发展,既是北京十一学校、上海中学、山东省实验中学等学校课程建设的动机,也是他们的目标和价值取向。如北京十一学校的课程建设就是针对"目前中国教育的最大特点是把不同的孩子教育的最终相同"⑥的人才趋同性太强的现状,和我国普通高中教育急需解决"学生个性差异、学生自主发展需求"的紧迫性,从而致力于学生课程选择权的实现,"以每一位学生的个性发展、自主发展为价值追求,以课程变革为抓手"⑦,以"创造适合每一个孩子的个性化的课程体系"⑧作为建设目标。北京大学附属中学则是基于中学教育"既要引领义务教育向更高领域发展,又要为高等教育提供人才支撑;既要为升学做准备,

　①《马克思恩格斯全集》(第46卷),人民出版社,1979,第104页。

　②《马克思恩格斯全集》(第3卷),人民出版社,1960,第333页。

　③《马克思恩格斯全集》(第26卷),人民出版社,1974,第124页。

　④《马克思恩格斯全集》(第46卷),人民出版社,1979,第532页。

　⑤张楚廷:《全面发展实质即个性发展——重温马克思全面发展学说的启示》,《北京大学教育评论》2004年第2期。

　⑥北京十一学校:《北京十一学校高中课程方案》,http://wenku.baidu.com/link?url=-AUR42L_7B4ywrmUF7mZo6J16b-0jbQ6qyZPBKzn4hbYfJfTVf2jXOjS2Zl07DSeEXiyCTIaKo049UaSTgEe9vwWaLEPA7O1vBXmztDAi9W,访问日期:2020年7月30日。

　⑦李希贵、秦建云、郭学军:《构建可供学生选择的普通高中学校课程体系的实践研究》,《教育学报》2014年第1期。

　⑧北京十一学校:《北京十一学校高中课程方案》,http://wenku.baidu.com/link?url=-AUR42L_7B4ywrmUF7mZo6J16b-0jbQ6qyZPBKzn4hbYfJfTVf2jXOjS2Zl07DSeEXiyCTIaKo049UaSTgEe9vwWaLEPA7O1vBXmztDAi9W,访问日期:2020年7月30日。

又要为就业、创业做准备,更要为终身学习、发展做准备"①的任务和功能的多重性特点,提出了"通过选择性和多样化的课程与活动,实现学生个性化自主发展的课程建设目标"②。上海中学以解决"不同类型学生潜质的开发"和"创新型国家与人力资源强国所需要的创新人才早期培育"的问题为指向,从实现"关注学生个性化知识准备与构成"和"凸显学生优势潜能"③等目标方面构建学校课程体系。与此相似,华东师范大学第二附属中学也是针对迫切需要解决的"优秀学生尽管学业成绩优秀,但知识技能面窄、人文素质欠缺、个性特长不能得到充分发挥、成长愿望得不到充分满足"④这一类似的问题,提出了"要向其学生提出富有挑战性的目标,给学生提供展示自己才华的舞台,为其个性特长发展提供充分的机会,使其潜力能得到最大限度的发展,综合素质得到全面提高"⑤的课程体系建设目标。山东省实验中学从落实"不能把学校办成千篇一律,千人一面"的要求,立足课程改革,把"着眼于学生的素质化、社会化和个性化发展,培养具有深厚科学素养、浓郁人文精神、现代公民意识、强大创新能力以及广阔国际视野的现代化人才"⑥作为学校课程体系建设的目标。表3-1的内容是上述学校课程体系建设动机与目标的比较,供读者参考。

表3-1　北京十一学校、上海中学等学校课程体系建设动机与目标

学校	动机	目标/价值取向
北京十一学校	解决学生个性差异、学生自主发展需求的问题	适合每一个孩子的个性化
北京大学附属中学	适应中学教育的任务和功能的多重性	促进学生个性化自主发展
上海中学	解决不同类型学生潜质开发的问题	关注学生个性化知识准备与构成,凸显学生优势潜能
华东师范大学第二附属中学	解决学生个性特长不能得到充分发挥、成长愿望得不到充分满足的问题	为学生个性特长发展提供充分的机会,使其潜力能得到最大限度的发挥,综合素质得到全面提高
山东省实验中学	落实"不能把学校办成千篇一律,千人一面"的要求	着眼于学生的素质化、社会化和个性化发展

①王铮:《学校课程改革与学生自主发展——北大附中的探索与实践》,《创新人才教育》2013年第3期。
②同上。
③唐盛昌:《实验性示范性高中构建学校课程体系初探——以上海市上海中学为例》,《课程·教材·教法》2010年第5期。
④何晓文:《以提升学生综合素质为目标构建学校多元课程体系——华东师大二附中校本课程建设的实践与思考》,http://edu.people.com.cn/GB/8216/106383/106384/6439937.html,访问日期:2020年8月11日。
⑤同上。
⑥山东省实验中学:《学校多元课程体系的构建与实施》,http://mingxiaozhang.qlteacher.com/School/3714280036/Article/22184.aspx,访问日期:2020年8月11日。

考虑到"马克思所言之才能、能力、志趣、爱好、需要等都是心理学意义下的个性"①,也是作为哲学家的马克思"以更宽阔的哲学视野关注着人及其个性和个性发展"②。那么,在上述学校课程建设中,所致力的学生个性发展之"个性",就可以做三方面理解:一是哲学所指的个性乃某一事物区别于其他事物的特征。也就是在这个意义上,学校课程建设既是在尊重和养护每一个学生个性发展的独特性,也是通过这一尊重和养护建设学校的特色所在。二是心理学所指的个性是"一个人的整个精神面貌,即具有一定倾向性的心理特征的总和","个性结构是多层次的、多侧面的,由复杂的心理特征的独特结合构成的整体"。③这里的"整个精神面貌""多层次的",说明"个性"并不是孤立于整体的某一部分,而是具有整体性的特征。学校课程建设不仅要以个性发展的整体性为指引,更要为实现个性发展的整体性做好保障。三是教育学所指的个性发展是"在促进学生个性发展方面,做得更自觉、更有效"④。这之中的"更自觉"和"更有效",必然需要学校在课程建设中对学生个性发展主体性和组织性的关注。因为自觉是主体性的体现,有效需要科学合理的组织来保障。综合这三方面的认识,学校课程建设作为"个性发展是全面发展的实质"这一理念在学校教育领域的具体运用,需要满足学生个性发展的独特性、整体性、主体性和组织性的要求,为这些特性的发展做好保障。

2.构建高选择性的学校课程是学生个性发展独特性的保障

既然课程是学校教育教学的核心资源、载体与途径,那么,学生个性的多样化特征,和学校教育教学作为一种自觉的、目的指向明确的社会实践活动,所具有的"简化和安排所要发展的倾向的许多因素"⑤的重要功能,势必需要学校提供高选择性的课程,实现学生课程选择的权利。毕竟,每个学生都是"非常具体的人,他有他自己的历史,这个历史是不能和任何别人的历史混淆的"⑥。尤其是在高中阶段,这种个性表现得越发显著,大多数学生将不可避免地朝不同的方向发展,低选择性的课程体系明显不能适应这一发展需要。也就在这一意义上,构建体现多样化、选择性的课程结构成为《基础教育课程改革纲要(试行)》的重要目标之一,也在《普通高中课程方案(实

①张楚廷:《全面发展实质即个性发展——重温马克思全面发展学说的启示》,《北京大学教育评论》2004年第2期。

②同上。

③朱智贤等:《心理学大词典》,北京师范大学出版社,1989,第225、458页。

④王策三:《教学论稿》,人民教育出版社,1985,第212页。

⑤约翰·杜威:《民主主义与教育》,王承绪译,人民教育出版社,2001,第29页。

⑥联合国教科文组织:《学会生存》,教育科学出版社,1996,第105页。

验)》中有了充分的体现。然而,这一"重要目标"在地方实施过程中出现了如前面李希贵等人所讲的很多问题。在这种情势下,加强学校层面对此"重要目标"的落实,构建高选择性的学校课程也就成为学校教育教学工作的迫切需要。

北京十一学校在融合国家课程必修要素的基础上,构建了一套包括265门学科课程、30门综合实践课程、75个职业考察课程、272个社团课程、60个学生自主管理课程的分层、分类、综合、特需课程体系。该课程体系与其他课程体系相比,具有以下几个特征:以校为本;突出以学生个体为单位的选择性;分层与分类,专项与综合相结合;用未来的方向引导学生,启动学生发展的内动力;重视课程链条上各个环节的设计;有助于构建学生自己的学习系统。[①](见表3-2)

表3-2　北京十一学校课程设置

课程类型	科　目
分层课程	数学、物理、化学、生物
分类课程	语文、英语、历史、地理、政治、体育、技术
综合课程	艺术、高端科学实验、综合实践、游学课程
特需课程	书院课程、援助课程、特种体育

上海中学立足利于资优生志趣聚焦的角度,构建了包括德育、学习领域和优势潜能开发三大课程体系。其中,学习领域的课程设计偏重学生个性化知识的组织,以"激趣"为指向,不固守国家规定的学习内容,致力于展示给学生学习领域的整体概貌。它依据学科群理论,形成7个学习领域、14个学科课程。其中每一学科课程包括基础型和发展型两类。基础型是在遵循上海学科课程标准的前提下,依据学校师生的特点,调整基础知识的深度与广度,如把语文课程设置为"核心内容+模块选择",把数学、英语课程设置为"核心内容+层次选择",对信息技术、工程技术等课程实行模块选择,对艺术课程实行美术、音乐任选一门的课程设置方式;发展型包括知识拓展、视野开阔、解析探究和应用实践四个类型,共计732个科目、模块供学生选择学习。(见表3-3)

---

① 李希贵、秦建云、郭学军:《构建可供学生选择的普通高中学校课程体系的实践研究》,《教育学报》2014年第1期。

表3-3 上海中学发展型课程设置

类型	语言与文学	数学	人文与社会	自然科学	技术	艺术	体育与健康	总数
知识拓展类	《东方文学》67个	《机械制图》等67个	《现代西方哲学》46个	《化学计量学基础》等18个	《网页设计》等40个	《芭蕾舞》等28个	《高尔夫运动简介》等12个	227
视野开阔类	《外国经典诗歌阅读》等57个	《奇妙无限集》等36个	《当代经济思潮》等57个	《物理学中的能源技术》等36个	《中国近代绘画》等22个	*Modern Chinese Painting* and other 21 courses	《现代奥林匹克运动欣赏》等8个	253
解析探究类	《莎士比亚戏剧》等17个	《数学符号的起源与发展》6个	《丝绸之路》等27个	《经典力学的发展》等78个	《网络中的新兴调汇解析》等9个	《中西方艺术比较》等10个	《太极拳与中国古典文化》等8个	155
应用实践类	《影视评论》等18个	《数学建模》等6个	《基层民主选举调查》等7个	《数字化物理实验》等11个	《简明机器人教程》等20个	《插花》等12个	《裁判知识与实践》等18个	92
总数	159	64	137	143	106	72	46	727

德育课程设计以"立志"为指向,重在对学生思、能、行统一和自我价值与社会需要统一的推进。它在纵向上把德育课程分成基础型和发展型,横向上分成认知类、实践类、体验类、反思类。其中,基础型包括国家课程、校本必修课程;发展型针对学校德育多道德认知少道德实践的现状,构建了"认识、实践、体验、反思"四位一体的,包括四大主题、39个科目(含有150个模块)的课程体系。优势潜能开发课程是对学习领域课程的拓展,以课题和项目的形式,覆盖多个领域,每个领域又分为若干个侧重点。如在某些侧重点上,学校推进在某些领域具有优势潜能的学生的认识与开发,形成了基础课程、专门课程、探究课程"三位一体"的课程系统。该课程体系凸显了以下三大特征:课程的高选择性,推进了学生的个性化知识的构成;课程的现代性,激活了学生的求知欲与兴趣;课程的探究性,增强了学生的探究能力。①(如图3-5所示)

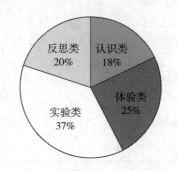

资优生德育四类发展型课程科目/模块

反思类 20%
认识类 18%
体验类 25%
实验类 37%

图3-5 上海中学德育课程设置饼状示意图

①唐盛昌:《实验性示范性高中构建学校课程体系初探——以上海市上海中学为例》,《课程·教材·教法》2010年第5期。

华东师范大学第二附属中学在推进卓越教育的过程中,对已有的基础必修课程,即校本化的国家课程、综合选修课程包括大文化类课程和STS系列课程、研究性学习课程、社团活动类课程、德育课程、荣誉课程等300多门具体课程所构成的学校课程体系,重新整合为包含三个层次的卓越课程体系,分别为基础层、模块层和专题层。每个层次都满足国家(社会)、学校、个体(包括教师和学生)三者的发展要求,并围绕他们的要求形成若干具有扩展性的核心问题。这些核心问题相互之间在不同层次上具有贯通性,在同一层次间具有相关性,能够实现按需做出灵活组合的可能性。该校的这一课程体系以若干"核心问题"形成的三层三向的交叉融合形式(特别强调"人"的主动选择和创建)演绎和创生了新课程,实现了知识与能力、过程与方法、情感态度与价值观以及人、课程、社会的融合,为人发展的无限可能的实现提供了资源保障。山东省实验中学着力打造了包括基础课程、校本课程和德育课程在内的学校课程体系。其中,基础课程是指学校课程中最基本的知识体系,是国家课程的校本化;校本课程是学校在国家允许范围内自主开发的课程,包括生命教育课程、EPD①课程、能力提升课程、民族文化课程、国际语言类课程、特长发展课程六类共计120余门;德育课程是依据知、情、意、行四个方面,构建了传统修养课程、政治理论课程、社会实践课程和成长引导课程。复旦大学附属中学构建了包括人文与经典、语言与文化、社会与发展、数学与逻辑、科学与实验、技术与设计、艺术与欣赏、体育与健康八大领域,每个领域分为基础课程、拓展课程、研究课程和特选课程四层阶梯递进的课程体系。

表3-4　北京十一学校、上海中学等学校课程设置类型

学校	课程类型		
	共同基础类	部分提升类	专项发展类
北京十一学校	分层、分类、综合	分层、分类、综合	特需
上海中学	基础类	发展类	优势潜能开发类
华东师范大学第二附属中学	基础类	模块类	专题类
山东省实验中学	基础类	校本类	(校本)特长发展类
复旦大学附属中学	基础类	拓展类、研究类	特选类

如表3-4所示,上述学校实现学校课程体系高选择性的重要策略之一就是

①指联合国教科文组织教育项目,可概括为通过对青少年和全体社会成员进行环境教育、人口教育和可持续发展教育,促进改善环境、提高人口素质和社会的可持续发展。

以共同基础类课程满足全体学生的基本需要和达成高中教育教学的基本要求，以部分提升类课程深化部分学生的学习需求和在某些领域进一步深造的可能，以专项发展类课程为每一个学生的兴趣爱好或优势智能的发展开设针对性强的具体课程。由此形成的学校课程体系具有鲜明的适合每一个学生个性发展的特征，从而也就为学生的个性发展提供了资源方面的保障。

3. 开展课程整合是学生个性发展的整体性保障

分科课程设计是涵盖整体社会文化的现代性方案的一部分，是科层制管理形态的体现，主要奠基于20世纪初的科学管理运动。学科本位是这一课程设计的基础。每一课程都有自己的概念、范畴、逻辑及评价方式。如果各课程之间的分工合理，课程内容之间、课程内容与相应学科之间能够整合良好，并适时应外在环境而调适，这就是一种合理而有效的课程设计。然而，至今的分科课程设计并不均衡，也缺乏弹性。一方面，它容易使某些学习经验受到压制与忽略，课程内容之间存在着叠床架屋，甚至有所矛盾，导致学生的负担过重与学习经验的破碎；另一方面，分科课程设计不善于适应社会变迁与学术发展，反而容易使最有价值的内容陷落于传统课程间的夹缝之中。而学生经验的世界并不是分离的碎片，而是一个整体，并不仅仅是对历史的记述，更是对当下及将来的面对。所以，分科课程在相关内容的联结和整合上的欠缺，与学生经验的完整性不相匹配。也就在这个意义上，《基础教育课程改革纲要（试行）》所提出的"改变课程结构过于强调学科本位、科目过多和缺乏整合的现状"的目标，实质上就是为了构建与学生经验完整性相匹配的整合课程，从而保障学生个性发展的整体性。

北京十一学校以分层与分类、专项与综合，以及设置特需课程的方式，整合国家课程、地方课程和校本课程。其中，他们把具有严密逻辑体系的数学、物理、化学和生物课程，按照课程难度进行分层设计；把不具有严密逻辑关系的语言类的语文和外语，按照主干课程＋补弱类和提升类自选课程模块进行分类设计；把国家信息技术和通用技术必修要素的技术课程，根据行业门类，进行专项设计；把单一的艺术专业技能技巧的训练，综合设计为个体的技能学习和团队合作、交往、妥协品质的培养的戏剧课程，把需要通过体验才能获得的知识，如政治、历史、地理和生物中相关的课程内容，设计为综合主题形式的游学课程；把需要动手实验的课程内容设计为综合专题、项目研究形式的高端科学课程。此外，还设计了专门满足极个别学生的特殊需要的书院课程。在所有这些课程中，分类与分层、专项与综合相互交叉，分类中有分层，分层中有分类，专项中有综合，综合中有专项。上海中学在设置了前面提到的优势潜能开发课程之外，其基础型德育课程既包含国家课程,如"学军""学农""社会实践",还包含校本必修课程,如"创造·实践·服务课程""48小时适应性生存训练""自我认识与人际智能反思课程"等;发展型德育课程围绕"理想信念、爱国荣校""关爱生命、服务社会""民主法治、道德修养""健康心理、多彩生活"四大主题,设置"每周说法""青春的雕塑"等包括150个模块的39门课程。上海中学的学习领域课程着力于通过"核心内容+模块选择(层次选择)"的方式调整基础知识学习的深度和广度。如在其基础型政治课程中增加了"宏观经济学""中西方哲学史"和"比较政治制度"等内容;发展性课程包括了知识拓展(如"欧美文学史概说")、视野开阔(如"第四种存在——等离子体物理及其应用")、解析探究(如"化学与新材料")、应用实践(如"纳米材料的合成")四个类型。华东师范大学第二附属中学将高中课程计划规定的必修课的课时平均压缩20%,校本化开发国家课程,删减部分基础性内容,并将必修课程中的拓展性课程内容移植到选修课程中,构建成综合选修课程。

比较这三所学校的课程整合,虽然易于可见的是其整合的内容和方式有较大差异,但在课程整合的基本理念和基本策略上具有较大的一致性。例如,它们的课程整合均是基于把国家课程、地方课程和校本课程统一认定为学校课程的整合,即它们不是仅仅对地方或校本课程的整合,而是对包括国家课程在内的这三者的整合。再如,结合论述的构建高选择性的学校课程可见,设置多样化的选修课程是这三所学校开展课程整合的前提。不管是北京十一学校的分层、分类、综合、特需,还是上海中学的知识的拓展和深化,华东师范大学第二附属中学的综合选修,所有这些工作的开展都必须在学校选修课程的多样化设置这一前提下才具有可能性。还有,它们的课程整合不仅重视学生的兴趣、能力和需要,也关注各课程内容间的联结、相互增强、整合与应用,以及进一步发展的可能性。所以,对课程内容的分、增、减就成了这些学校开展课程整合的基本策略。所谓"分",是指将同一课程或不同课程中具有共同特征的内容分离出来,重新组合成学习单元或模块;所谓"增",是指增加与学校课程内容相关,或能够深化和拓展学校课程内容的相关知识;所谓"减",则偏重对必修课程课时的压缩,以及对国家课程、地方课程和校本课程间相重复内容的删减。

4.多样化教学组织形式是学生个性发展主体性的保障

高选择性的学校课程使学生的课程选择权及学生个性发展独特性、完整性的实现有了可能,而这一可能的实现需要有以学生为主体的教育教学实施来落实。尤其需要有与学生自主选择课程和自主学习相对应的教学组织形式,也是通过这一教学组织形式才能落实教育教学实践中的学生主体性,从而保障学生个性发展的主体性。因为教学组织形式"在教学理论和实践中,处于真正的具体落脚点的地位,带有综合、集结的性质"[1],是教育价值、课程与教学观念、内容、方式或方法能否转化为现实的重要保障,直接影响教育教学的质量、效率,以及学生个性的发展与情感的培养。它作为"为了实现一定的教学目标,围绕一定的教育内容或学习经验,在一定时空环境中,借助一定的媒体,师生相互作用的方式、结构和程序"[2],实质上就是依据具体的"教育(教学)目标"和"教育内容或学习经验",选择或构建对应的教学时间组织方式、教学空间组织方式和师生互动的组织方式。同时,也是通过这些教学组织方式开展"教育内容或学习经验"的教学,达成"教育(教学)目标"。致力于学生个性发展的教育教学目标和实施高选择性的学校课程,势必需要通过与之相对应的教学组织方式实施课程,实现目标。人类的教学组织形式从宏观上来说,大致呈现出了从个别教学制到班级教学制,再从班级教学制向个别教学制回归的历史趋势。学生个性发展的教育教学目标的实现侧重于对个别教学制的依靠,高选择性的学校课程由于其课程的多样性,需要依据具体课程的性质选择个别教学制或班级教学制。这就是说,面向个性发展的学校课程建设,需要的应该是个别教学制和班级教学制并存状态。

北京十一学校以走班上课的教学空间组织方式保障每位学生能够按照自己的课程表上课学习。该种教学组织形式与传统的班级制和行政班相比,它是在没有讲台,承载着更多育人功能和学习资源对学生开放的学科教室上课;是同一年级的不同学生,甚至是不同年级的学生由于选择同一门课程而走进相同的教室而进行的集体授课。在师生互动的组织方式上,除了由走班制所生成的任课教师与学生之间、不同学习层次的学生之间,家长与学生之间和咨询师与学生之间等多方相互作用和影响之外,北京十一学校还着力于从学业指导、职业规划的引导和心理疏导等角度,建立导师和咨询师制;针对学生的各种行为问题和更深层次的认识问题,建立了教育顾问制。北京大学附属中学通过对学校年级进行纵向分割,形成几个单元,在这些单元中高一年级的学生就成为低一年级学生的学长。学长会帮助、指导和引导其同一单元中的低一年级的学生,这就在师生互动方式上形成了学长制的教学组织形式。另外,学校针对具有选择性和多元化的课程与活动而实行的走班制,弱化了行政班级的职能,取消了班主任,代之以一个老师针对性指导十几名学生学习生活,提供适切建议

---

① 王策三:《教学论稿》,人民教育出版社,1985,第272页。
② 黄甫全、王本陆:《现代教学论学程》,教育科学出版社,2003,第354-355页。

的导师制。山东省实验中学实施了单元走班和年级大走班相结合的走班模式。其中,校本课程和综合实践活动课实行全年级的大走班模式,剩余的课程都实行单元走班模式。学校还建立了教学班和行政班双班并行的管理体制,实行模块导师负责制。如对高一年级的必修课程实行行政班教学,进行必修课程的滚动开设,学生自主确定学习时段。艺术、体育课程和校本课程实行走班制,高二年级以走班制为主,高三年级教学组织形式多样化,实现教学的专业化。上海中学在实行走班、大小班制和导师制之外,构建了与现代课程和模块相对应的24个现代数字化实验室。复旦大学附属中学则将班级规模缩小为每班35人左右(增加班级数)。(见表3-5)

表3-5　北京十一学校、上海中学等学校教学组织形式

学校	教学组织形式		
	空间组织方式	时间组织方式	师生互动方式
北京十一学校	走班上课		导师制;咨询师制;教育顾问制
北京大学附属中学	走班制;班级制		学长制;导师制
山东省实验中学	单元走班;年级大走班;班级制		模块导师负责制
上海中学	走班制;大小班制		导师制
复旦大学附属中学	小班化		

　　总结这五所学校的教学组织形式可以发现:既要有班级制的高效率,又要有个别教学制的因材施教,是这些学校教学组织形式的一致追求。为此,它们均把教学组织形式改革的重点放在了空间组织方式和师生互动方式上,打破了班级制和班主任制的唯一形式。其中,走班制和班级制或小班化是其主要的空间组织方式,导师制是其主要的师生互动方式。究其原因,一方面,缘于空间组织方式和师生互动方式的改变自然而然会引起相应的时间组织方式的改变;另一方面,由导师制相辅助的走班制或小班化,实质上是一种关于高效教学与因材施教的折中做法,是在当前必须实行集体授课的实情下促进学生个性发展的实事求是的做法。走班制对个性发展相近学生的集体授课,导师制对走班制的集体授课中每个学生个性发展的关注,是在教学组织形式层面对学生个性发展主体性的保障;再一方面,课程的类型、功能和目标以及内容的性质,也是选择何种教学组织形式的重要依据。高中各种各样的课程也势必要求以多样化的教学组织形式进行落实和保障。

　　5.强化课程领导是学生个性发展的组织性保障

　　个性发展既包括积极个性的形成、发展,也包括对消极个性的矫正、克服。

特别是在学校教育层面,它不应是随意发展、盲目发展、自发发展,而应是具有一定社会倾向性的、自觉的、高效的或具有专业支撑的发展。毕竟学校教育作为特定社会关系的存在,必定具有特定的社会倾向性,其所致力的学生个性发展,也不能例外,它一般以目标的形式具体表现特定的理想和道德意识。并且,虽然每个社会活动都可能影响个性发展,但不是任何社会活动的影响都能自觉高效地促进个性发展。只有依据学生个性发展特征,把社会活动中的各种教育影响转化为学生个性发展的内在因素,才能达成个性发展的自觉和高效。作为"特殊的环境"的学校教育,是能够实现这一自觉和高效的重要社会活动之一。但是,也不是所有学校的教育教学活动都能促进积极个性的发展。积极个性的发展和消极个性的矫正与克服,需要学校教育教学通过弘扬主体性从而发挥每一个人的才智和激情、尊重独特性从而实行因材施教、倡导协同性从而开展合作教研、推崇专业性从而注重学术领导等才能够实现。或者说,只有具有这些条件的学校教育才能够促进积极个性的发展和消极个性的矫正与克服。而这些条件是学校教育教学在理念和实践上进行全方位改革的结果。其中,在组织层面上,强化课程领导是形成这些条件的重要保障。因为课程领导"使学校的体系及其学校,能达到增进学生学习品质的目标"[1]的功能,所暗含的课程领导本身所具有的社会倾向性,能够为个性发展提供方向保障;是指"一个团体,而非个别的领导者(如校长),包括组织内的每一个成员都有成为领导者的潜能和权力","要求权力和权威的再分配,共同承担或共享学习、目的、行动和责任"[2],则建立了个性发展的主体性与独特性保障;强调"团体内的所有成员一起学习、一起合作地建构意义和知识",也就能够为个性发展提供协同性保障;"透过成员间的交谈,把观感、价值观、意念、信息和假设表面化;一起研究和产生意念;在共同信念和信息的情境下,反思工作并给工作赋予意义;促进有助于工作的行动"[3]则为学校治理从偏重"行政领导"到致力于"专业(学术)领导"提供专业保障。

当前对学校层面课程领导的类型或要素有多种认识,如技术领导、人性领导、教育领导、象征领导和文化领导,或愿景领导、道德领导和文化领导,等等。下面仅从技术领导的角度列举北京十一学校、华东师范大学第二附属中学等学校强化课程领导的措施。

---

①L Lambert. *Building Leadership Capacity in Schools*.(Alexandria,VA:Association for Supervision and Curriculum Development,1998),PP.5-9.

②同上。

③同上。

北京十一学校认为从传统管理学中照搬的学校组织结构和管理方式已经不再适应今天作为知识型组织的学校，构建能够"激活每一个员工的主动性、积极性、创造性"的领导型组织，是今天学校组织结构和管理方式的必然选择。北京十一学校致力于学校组织结构的"扁平化"和"分布式领导"的年级管理。就前者而言，把学校组织层级减少到仅有校长、级部和教师三个层次，对学校人事、财务、教育教学的领导权分级设定。即使是校长，也只能在每一个领域具有规定内的权利。如在教职工聘任上，校长无权过问，均是由各年级和各部门以双向选择的方式来确定；在学校财务上，校长无权批准具体财务开支，只具有批准年度预算和监督预算执行的权利；在教育教学上，校长虽有进行学校课程规划的权利，但不能就具体的教学方式方法下达行政命令，更不能把某一种具体的教学模式强制推行于课堂。关于后者，北京十一学校主要设置学科教研组长、咨询师、小学段与研究性学习主管、终结性评价与诊断主管、过程性评价主管、选课与排课主管、自主研究主管、教育顾问（特殊行为问题）、考勤主管、大型活动主管和学习环境管理主管等分布式领导岗位。这些岗位领导角色的确定，遵循任务特点与成员能力的匹配程度，由多名组织成员共同担任，同时实行动态更替。

华东师范大学第二附属中学构建了由校长、学校课程建设领导小组、中层组织、基层组织等组成的学校课程教学管理的组织运行系统。在这一系统中，校长（包括分管校长）负责制订学校课程建设的指导意见；学校课程建设领导小组负责对学校课程建设的各项工作进行集体研究和决策；中层组织负责学校课程建设的具体实施。

上海中学在形成学校课程实施系统中认识到：要解决学校管理者、教师的观念与学校课程开发、实施不匹配的问题，就必须实现学校管理者从学科领导向课程领导的转变。其中在课程开发方面，注重课程开发的规范和标准。如要求每一科目和模块的实施，都需要包括如下要点：课程科目及模块的编码、名称与性质描述、使用教材、适合学生群体、教学目标、学时安排、具体内容、评价方式以及参考资料。

山东省实验中学则是以课题研究的形式强化课程领导。他们针对所申报成功的全省新课程改革重点课题《山东省实验中学课程体系的开发与实施》，成立了由校长作为课题负责人，部分中层干部和教研组长、备课组长为成员的课题研究小组，并聘请省教育厅课题专家进行指导。同时，学校针对课题研究所建造的三大课程体系，对每类课程，学校又成立了立足教学实践的子课题组。同时，为了规范研究内容，学校要求每个课题组的研究内容着力于从课程价值与目标、课程内容、师资配备、课程实施、课程评价五个方面进行理论概括和提升;对于每类课程的新出研究成果,要求需经过总课题组评价完善后再进入实践,从而实现课程实践理性与实践效果的双提升。

表3-6　北京十一学校、上海中学等学校的课程领导措施

学校	强化课程领导(技术领导)的措施
北京十一学校	"扁平化"管理、分布式领导
华东师范大学第二附属中学	学校课程建设领导小组(学校课程建设委员会)
上海中学	制订学校课程开发的规范和标准
山东省实验中学	关于课程改革方面的课题研究

如表3-6所示,这些学校强化课程领导的措施中:一方面,可以看出学校层面的课程领导必须充分考虑迈克弗森等人指出的课程领导的影响因素:学校的课程框架,即学校的课程观;学校的社会情境,即学校文化;学校的组织结构,即学校的行政安排。[1]由于这些因素的影响不同,或者说,上述列举学校对这些因素的认识不同,其所采取的强化课程领导的措施的侧重点就有所差异。另一方面,虽然有这些不同,但这些不同的措施却蕴含着共同的理念支撑,启示着可以被借鉴应用的课程领导的策略和方式。比如,在理念层面,这些措施都是课程开发在学校教育教学中的核心地位这一体认的具体化,都强调学校各个层面的权力分配,校长的课程领导职责,注重于协同合作中促进教师的专业发展,从而致力于从行政领导向专业领导的转变,保障学生个性的发展;在策略和方式层面,健全学校课程开发的组织机构,明确课程开发的规范和标准,组建合作、向上的教师、专家学者、学生及家长等多方面成员参与的课程开发与实施团队,等等。总之,这些学校的课程领导关注了每个成员的个性需求和学校的实际情况,制订出切实可行的课程规划,调动起学校行政人员、教师、学生与家长参与课程开发与实施的积极性和主动性,从而形成了适合学生个性发展的学校环境。

(二)北京十一学校、上海中学等学校课程建设的条件分析

学校环境、软硬件建设、师资状况、学苗基础、家校或社区与学校的关系等因素,虽与课程理念和理论不直接相关,但对学校课程建设的成功起着非常重

---

①Macpherson.I, Aspland. T, Elliott. B, Proudford. C, (eds.), "Theorising Positioning curriculum leadership for effective learning and teaching," *Curriculum and Teaching* 11, no.1(1996):23-34.

要的支撑作用。北京十一学校、上海中学、山东省实验中学等学校的课程建设在这些"条件"方面具有诸多相似之处。

1. "名校"的光环和改革的传统是其学校课程建设的动力

北京十一学校、上海中学、山东省实验中学和华东师范大学第二附属中学等学校作为"名校",可以说至少在我国是人所共知和名副其实的。它们大多校史悠久,在中国教育现代化起伏跌宕的风雨中坚守至今,为政府所重,为同行所瞻,为民众所尊,一直走在教育改革的前沿,是教育改革的风向标,是中学教育教学的先进代表。所有这些"名校"光环的取得,既是它们对改革创新的孜孜以求后的呈现,也离不开在"名校"光环的激励作用下形成的改革创新的传统。如上海中学把握历史机遇,进行了一系列的具有开创性的教育改革:

上海中学1993年,创办国内第一所由中国人自主管理的国际部;1995年,成为上海市最早的国际文凭学校;1997年,举办"全国中小学现代教育技术实践与应用现场会";1998年,与华泾镇(时称龙华乡)合作办学,创办民办华育中学,推进了办学体制的新突破;1999年,率先推进的名校素质教育取得了新突破,走上了实验性示范性高中的建设征程;2003年,学校取得办学体制、课程建设、教学改革、德育创新、教师发展、管理改革、信息技术运用、校园建设八方面的突破,在上海市率先通过实验性示范性高中的验收。①

再如,华东师范大学第二附属中学早在20世纪80年代,就自主开发语文、英语课程及编制相应的教材,90年代开始设置必修课、选修课和活动课三类课程板块。同时,试办全国理科实验班和上海理科实验班。可以说,这些学校的课程建设既是它们改革创新传统的延续,也是在新形势新需要下,由这一传统推动的必然选择。

2. 宽松的外部管理环境为其课程建设减少了阻力

赢得政府特别是教育主管部门的支持,是学校教育教学改革成功的关键之一。北京十一学校、上海中学、山东省实验中学等学校的课程建设顺应了时代教育发展的趋势和潮流,得到了政府和教育主管部门的大力支持。"名校"效应,特别是它们作为省部级示范校的地位,既使它拥有了其他学校所不具有的较大程度的办学自主权,也让它们担负起了必须进行改革创新探索的使命。另外,这些学校往往也是国家、地方所推行教育改革的试验田。如上海中学2008年获准在上海市率先开展高中生创新素养培育实验;北京十一学校2010年被批准为

---

① 上海中学:《史品上中——菁英教育的缩影》,http://www.shs.sh.cn/shs.action?method=list&single=1&sideNav=3741,访问日期:2020年8月24日。

北京市综合改革实验学校,2011年被批准为国家级教育体制改革试点项目"深化基础教育学校办学体制改革试验项目学校"。这两方面相加,即使这些学校开展的改革创新探索具有一定的"冒险性",结果也都在承受范围之内。

3.具有践行教育理想的精神与毅力的校长直接推动了学校课程建设

与国家宏观层面的教育改革相似,学校层面整体教育改革的起始阶段采取的也是自上而下的方式,特别需要校长作为顶层设计者的高瞻远瞩和不懈努力,甚至是率先垂范。悉数北京十一学校、上海中学、华东师范大学第二附属中学、北京大学附属中学等学校的校长(李希贵、唐盛昌、何晓文、王铮等人),他们历经了各种教育教学改革,教学经验和管理经验丰富并有特色,熟悉学校一线教学和管理工作,拥有较高的学术专业素养和教育发展趋势的灵敏嗅觉,更能够坚守教育理想,并持之以恒地付诸实践。这些特质不仅直接推动学校课程建设,而且是面对所有新形式,解决所有新问题的直接推动力量。

4.学校的地缘优势为学校课程建设提供了前沿性资源

学校课程建设需要对国内外、校内外教育资源整合吸收,但在我国地区教育发展相对不均衡的现实下,尤其在教育资源配置和对国内外先进教育理念的感知吸收方面,大都市具有明显的优势。北京十一学校、上海中学、华东师范大学第二附属中学等学校都处于作为我国政治经济和文化中心的大都市,即使是山东省实验中学,也是位于山东省的省会城市,这种地缘优势既能让他们容易了解到国内外先进的教育教学理念,也能为这些理念的实践提供可能的资源支撑。

5.专业性高、基础性好的师生群体为落实学校课程建设提供了可能

学校课程建设最终都要落实到教师的教和学生的学上,也就是说,教师的专业素养和学生的学习基础是影响学校课程建设能否落实的关键之一。北京十一学校、上海中学、山东省实验中学等学校,拥有在全国拔尖的师资,全区乃至全国的优质生源,在学校课程建设的决策中易于统一认识、在组织过程中能够献计献策、在引导过程中全心全意并且积极主动。

6.与理论研究者的合作为学校课程建设提供了研究工具和技术支撑

学校课程建设涉及如"办学理念""课程(观)""课程开发""课程整合""课程管理""课程评价"等系列理论问题的阐释和具体化,需要借助理论研究者的力量,借用相应的理论研究工具和技术。从这个意义上说,基础教育学校课程建设有必要建立与理论研究者的合作。如华东师范大学第二附属中学、复旦大学附属中学、北京大学附属中学等学校本身就拥有理论研究者的丰厚资源,在课程建设中也对其进行了充分的利用,即使不是作为高校附属中学的如上海中

学、北京十一学校等也和高等学校、理论研究者有着密切的合作。如上海中学与十几所高校合作开设了各种实验班(组),成立上海市基础教育国际课程比较研究所;北京十一学校与北京师范大学合作,在全国基础教育领域建立了首家博士后项目——"'构建培养—研究型'学校的理论与实践研究";等等。

(三)北京十一学校、上海中学、山东省实验中学等学校课程建设的启示

上述对北京十一学校、上海中学、山东省实验中学等学校课程建设条件的分析,易于得出的认识是:这些学校课程建设的成功,除了它们遵循先进的教育理念之外,也与它们具有的能够实践这些理念的条件密不可分。或者说,这些学校课程建设的成功,不仅在于它们遵循了以"个性发展是全面发展的实质"等为代表的先进教育理念,还在于它们根据自己学校的实际条件和特点,以富有针对性的措施保障了先进教育理念的落实。虽然不是所有学校都具备上述条件,不能将北京十一学校、上海中学、山东省实验中学等学校课程建设的成功经验进行简单地照搬或模仿。但是,如果考虑到理念是可以学习和吸收的,措施是可以借鉴和改造的,条件是可以创造和转化的,学校课程建设可以是多元和多样的,那么这些学校课程建设的成功经验还是可以"搬"的,关键是看"怎么搬"。

笔者认为,对于这些学校课程建设成功经验的"搬",可以在理念、策略和措施三个方面,分别实行"全部搬""创造搬"和"选择搬"。其中,所谓理念方面的"全部搬"是指面向个性发展的学校课程建设,必须树立"个性是全面发展的实质"的教育观及课程观,做到个性发展的独特性、整体性、主体性和组织性;所谓策略方面的"创造搬",就是创造性实施学校实际与个性发展这一理念的有机结合,从学校实际的角度构建面向个性发展的学校课程,落实学生个性发展的措施;所谓措施方面的"选择搬",就是对北京十一学校、上海中学、山东省实验中学等学校课程建设中所采取的如构建高选择性的学校课程、开展课程整合、多样化教学组织形式和强化课程领导等措施,依据学校实际选择采用。

第四章　问题与挑战

一、学校课程体系及拓展类课程建设应注意的问题

如果说前面论述都是在"面"上分别论述学校课程体系及拓展类课程建设的理论和实践,那么,学校课程体系及拓展类课程建设应注意的问题,则是在"点"上对学校课程体系及拓展类课程建设理论与实践认识的深化。下面所列的各对关系是在学校课程体系及拓展类课程建设实践中遇到的具有普遍性,需要整理清楚,又易于出现认识和实践偏差的问题。它们之中既有关于学校课程体系整体认识方面的问题,也涉及学校课程体系建设局部的实践方面。

(一)中小学校课程的国家体系与学校课程体系的关系问题

国家关于中小学校课程设置与实施的规划本身就是一种课程体系。如2001年教育部印发的《义务教育课程设置实验方案》所规划的"培养目标—课程设置(国家课程、地方课程、校本课程)—课程实施(义务教育课程设置的 有关说明)",2003年教育部印发的《普通高中课程方案(实验)》规划的"培养目标—课程结构(学习领域—学科—模块)—课程内容—课程实施与评价",以及它们各部分的具体内容等,所涉及的课程理念、课程要素、课程开发与实施等方面也是作为一种课程体系而存在的。并且由于这一课程体系归属于国家政策制度的范畴,在实践上具有指导性和强制性。这就需要考虑在既有的中小学校国家课程体系的基础上,为什么要开展学校课程体系建设;如果有这一必要,那么有没有建设的可能性;如果有可能,那么可以在中小学校课程的国家体系的哪些方面进行建设,或者说,中小学校课程的国家体系为学校课程体系建设预留了哪些可以自主发挥的空间。

首先,关于既然已经有了中小学校国家课程体系为什么还要进行学校课程体系建设的问题,可以作以下两方面的解释:第一,中小学校国家课程体系是站在全局的高度制订的,面向的是全国的中小学校,其优点在于普适性,缺点恰是因为普适性而消除的差异性。如果要实现当前课程改革所追寻的"为了每一位学生的发展"的理念,就必须先有"适合每一位学生的学校"和"适合每一所学校的课程体系"。第二,国家课程、地方课程和校本课程是当前中小学校课程国家体系的课程分类,虽然国家体系已经对这三类课程的课程比例作了规定,如国家课程不少于80%,地方课程、校本课程和综合实践活动占16%~20%。但这也仅是数量上的规定,由于校本课程和综合实践活动的内容基本都由学校自己开发实施,那么,就有必要在课程内容层面协调国家课程、地方课程和校本课程间的关系,避免三者内容的重复,实现三者的和谐共进。这个工作就必须以学校为主,而开展学校课程体系建设恰是完成这一工作的最好把手。

其次,对于学校课程体系建设的可能性,至少具有理念层面的倡导、政策层面的许可和实践层面的需要三个方面的条件。如在理念层面,"改变课程管理过于集中的状况,实行国家、地方、学校三级课程管理,增强课程对地方、学校及学生的适应性",是当前课程改革的核心理念之一。这其中的"增强"既是在倡导课程内容对地方、学校及学生适应性的增强,也包括了课程结构对地方、学校及学生适应性的倡导;在政策层面,2001年教育部颁布的《基础教育课程改革纲要(试行)》规定了教育部、省级教育行政部门和学校课程管理的职责,其中就规定:"学校在执行国家课程和地方课程的同时,应视当地社会、经济发展的具体情况,结合本校的传统和优势、学生的兴趣和需要,开发或选用适合本校的课程。"这在下放课程开发权利给学校的同时,也意味着对课程体系建设权利的授予。因为校本课程的开发和实施必然打破原有课程体系的平衡,需要重新建设课程体系;在实践层面,前面提到的课程实施状况的调查,已经得出:当前的课程实践既有开展学校课程体系建设的需要,也为学校课程体系建设准备了条件。

最后,至于中小学校的国家课程体系给学校课程体系建设预留了哪些自主建设的空间,除了前面讲到的校本课程的开发和综合实践活动之外,还有以下几个方面:第一,在办学核心理念和学生培养目标上,可以凸显学校的个性身份。教育方针是我国所有教育活动必须遵循的基本要求和指南,只要在不违背并充分体现它的前提下,学校对教育方针的实践可以也必须对其进行丰富和具体化。这一丰富和具体化的需要,也就为学校课程体系建设留有了自主建设的空间。第二,在课程目标的具体化上,可以对中小学校国家课程体系作校本化的充实。中小学校国家课程体系只是从某一课程的整体提出年段的目标要求,其表述比较概括、抽象。在课程实施中就需要在国家课程目标要求的前提下,依据学校及其学生的特点,对其进行充实化处理,把比较概括、提炼的变成比较具体、形象的。第三,在课程的安排上,可以体现校本化。虽然在严格开足开齐国家课程的要求下,中小学校的国家课程体系规定的课程作为国家意志和教育方针的体现不可随意消减,规定的课时数是根据社会和学生身心发展需要而科学设置的不能随意变化,但学校在具体安排这些课程实施时,可以体现学校及其学生发展的需求,自主排课。第四,在课程内容的拓展上,虽然国家课程标准规定了各课程必须执行的内容和要求,但是由于学校和学生发展的并不平衡,这就需要各学校根据自己和学生需要来拓宽国家课程的一些内容和要求。这意味着学校课程体系建设可以在某些国家规定课程之内增加教学内容,也可以独立设置能够拓宽国家课程某些内容的课程,还可以从有效落实的角度整合国家课程内容,或整合国家课程、地方课程和校本课程。第五,在课程的实施上,尤其是在教学方式、课程管理、课程评价等方面,因为国家政策对它们的要求多是原则性规定,所以实施时只要不违背这些原则,且能更好的达成课程目标,至于选择什么样教学方式、管理方式、评价方式,学校具有充分的自主权,其课程体系建设可以以具有学校特色的课程实施贯穿学校办学核心理念、学生培养目标,配套于课程的设置。

从课程实施基本取向的角度认识以上关于中小学校国家课程体系与学校课程体系的关系:学校课程体系建设是由课程实施的相互适应取向体现的,中小学校国家课程体系与学校及其学生实践情境在课程目标、内容、方法、组织模式诸多方面相互调整、改变与适应的过程。

(二)学校课程体系建设与学校教育教学改革的关系问题

虽然在理论上课程与教学之间相互影响,但在实践上这两者还是有各自独立的领域和功能的,如教学偏重于教学方式方法,课程则以教学内容、教材编制为重。而课程与学校的德育工作、管理工作不管是在理论认识上,还是在实践上则区别较大。那么,学校课程体系建设作为具有鲜明课程范畴印记的活动与学校的教育教学工作是什么关系,或者说,它在学校教育教学改革特别是当前的改革中处于什么地位,对此的清晰认识事关学校课程体系建设的有序推进,以及开展这项工作的积极性和主动性的发挥。

学校课程体系建设既是学校教育教学改革的一部分,也是深化学校教育教学改革的重要方式和切口,更是当前学校教育教学改革不可或缺的引擎。特别是如前所述的当前"高原深壑"的课程改革现状,迫切需要一种新的方式和寻找到一个新的切口,打破课程改革的"高原"瓶颈,填充其"深壑"。而学校课程体系建设恰恰具有这种功能和价值,能够满足当前课程改革的需要。同时,学校课程体系建设并不仅仅是课程建设单枪匹马地作战,而是与课堂教学、教育管理、教学研究等学校教育的方方面面的工作齐头并进的过程。也是在这个意义上,学校课程体系的成功建设必然会推动学校整体教育教学工作迈向新的台阶。

(三)学校课程体系建设与课程整合的关系问题

　　学校课程体系建设与课程整合两者都涉及建立课程目标、内容、实施等方面及其在不同课程之间的联系。在实践中即使所做工作均旨在建立这一联系，但有的叫作学校课程体系建设，有的叫作课程整合。这两种叫法能否可以看作是同一事物的不同称呼，从而可以完全通用？还是两者之间有所区别，并有各自的独当之任？对此的清楚认识有利于更为全面的理解学校课程体系建设。

　　课程整合是当前基础教育课程改革的重要内容之一。《基础教育课程改革纲要(试行)》在关于基础教育课程改革目标的具体规划中就指出："改变课程结构过于强调学科本位、科目过多和缺乏整合的现状……以适应不同地区和学生发展的需求，体现课程结构的均衡性、综合性和选择性。"依据《纲要》和当前的学科课程标准，它主要包括课程目标的整合，即以知识和能力、过程和方法、情感态度和价值观三维度贯穿所有学科的课程目标之中；课程内容的整合，即设置如品德与生活(1~2年级)、品德与社会(3~6年级)、历史与社会(7~8年级)、科学(3~9年级)、体育与健康、艺术(音乐、美术,1~9年级)；教学方式的整合，即强调跨学科的教学方式，如当前课改所倡导的自主、合作、探究的学习方式等方面。以此比照前面所述的学校课程体系建设的定义：学校基于其价值取向(办学核心理念)和学生培养目标的需要，通过或协调国家课程、地方课程和校本课程，或学校开发新课程，或对国家课程、地方课程进行再开发，从而构建课程间的整体性的课程改革。再结合前面所述的学校课程体系建设方式中的课程开发方式：新编、拓展、补充、整合、改变、选择等。易于看出的是学校课程体系建设的协调国家课程、地方课程和校本课程，或开发新课程，或对国家课程、地方课程进行再开发的方式之一就是课程整合，即或整合国家课程、地方课程和校本课程自身或其目标、内容、教学方式等，或通过对这些方面的整合开发新课程，以及重新开发国家课程和地方课程。在这个意义上说，课程整合是学校课程体系建设的方式之一。

　　但是，如果从广义上理解，即把课程整合不仅看作是课程的目标、内容、实施等方面及其在不同课程间建立联系，而且还包括了建立学校的课程设置、实施、评价等与学校办学核心理念、学生培养目标等方面的联系，那么，就可以把学校课程体系建设与课程整合等同起来。毕竟当前还没有对课程整合形成一个一致的认识。

　　综合以上论述，可以说从强调区别的角度，学校课程体系建设立足于"学校课程"，强调对建立学校及其课程间的整体性关系；课程整合则立足于"课程"，侧重建设课程本身及其之间的整体性关系。当然,如果对课程整合作广义的理解,也可以从"学校课程"整合的角度认识课程整合,从而把学校课程体系建设和课程整合对等起来。

(四)学校办学核心理念、学生培养目标与课程设置、实施的关系问题

在理论上比较容易说得清楚这些方面之间的关系,如学校办学理念、学生培养目标是学校课程设置、实施的指引,而学校课程设置、实施是学校办学核心理念、学生培养目标的落实和体现。但在实践中也容易出现理念、目标一套,课程实施一套的"两张皮"情况。为了避免出现此情况,科学运用关于学校核心办学理念,学生培养目标与课程设置、实施的关系的认识,可以作为参考策略之一。

首先,在学校课程体系建设中,始终要绷着"学校办学核心理念和学生培养目标应该指引怎样的课程设置;用怎样的课程设置才能支撑起学校办学核心理念和学生课程目标"这根弦,并用这根弦衡量学校的课程设置、实施等体系建设;其次,细化并让全体师生认识和认同学校办学核心理念、学生培养目标,并使细化后的内容渗透到学校课程体系建设的过程与成果之中;最后,着力于学校课程体系建设的各个方面和环节与细化后的学校办学核心理念、学生培养目标的对应,并以是否对应筛选现有的学校课程,决定已有课程的存留,需重新开发或再开发的课程。

(五)学习领域(课程类型)划分及其关系问题

学校课程体系建设中划分出的学习领域或课程类型,体现出的其实就是对课程整合的践行。它把在某些方面具有相似或相近的课程划归到某一范畴中,其意义就在于强化同一范畴中的课程的共同指向和实施的侧重点。至于怎样划分,首先应该以学校办学核心理念和学生培养目标的需要为根本的划分依据,不管某课程是属于国家课程、地方课程还是校本课程,只要它是学校办学核心理念和学生培养目标的需要,就应该纳入基础类课程中;其次,以划分依据的统一作为划分合乎逻辑的保障。

就现有学校课程体系建设的已有经验来看,关于学习领域或课程类型的划分基本上或是依据课程的价值和功能,如基础类、拓展类、探究类,或是按照课程内容的性质或特点,如人文课程、科学课程、艺术课程、体育健康课程,或是按照课程实施的方式,如必修课程、选修课程,等等。在具体的学校课程体系中,其对于学习领域的划分可以是多种划分方式的综合运用,如先依据课程的价值

和功能,划分为基础类、拓展类和探究类,再依据课程内容的特点,把基础类、拓展类和探究类又分别划分为学科课程、活动课程、社团课程等。但这里需要注意以下几点:第一,对于同一层次的学习领域的划分依据应该是唯一的,不能在同一层次中有多种学习领域的划分依据,否则就导致学校课程体系建设在逻辑上的混乱。第二,要尽量避免所划分出的学习领域之间的过多重复交叉。特别是对于依据课程的价值和功能所划分出的如基础类、拓展类和探究类课程类型,需要关注这些类型能够实现课程价值和功能的横向拓展、纵向加深。第三,实践中的学校课程体系建设对学校的国家课程体系都做了一定程度上的消解,在课程领域或课程类型的划分上几乎都放弃了国家课程、地方课程和校本课程这一依据课程管理体制所做的划分。加之学校课程体系建设立足的是以校为本,在其建设实践中,应慎用这一依据课程管理体制的划分方式,更不能出现如把国家课程等同于基础类课程,地方课程等同于拓展类课程,校本课程等同于探究类课程的换汤不换药的做法。否则,很难说其是"学校课程体系建设"。

二、拓展类课程设计与实施面临的挑战

长久以来,在"重教学轻课程"的惯性意识下,学校课程体系建设的成功实践依然面临来自体制政策、理论研究、学校条件、师资水平、教学实施及评价等方面的挑战。这在前面关于课程实施状况的调查分析中已有所提及,下面着重就学校课程体系自身的特点,阐述相关挑战的存在。

(一)学校课程体系建设的复杂性及其局限性

学校课程体系虽然以"课程"名之,其建设却涉及了学校教育的各个环节和方方面面。既需要有对学校发展的顶层设计如办学核心理念、学生培养目标等方面的规划及其科学性的判断,又需要有关于学校教育教学实践如教学方法、教学评价等方面的具体操作及其有效性的验证。具体来说,在政策上需要充分理解和精准把握国家关于学校课程教学的各项规定,做到"从心欲,不逾矩"。特别是要对严格开齐开足国家课程与国家课程、地方课程校本化,或开设满足学生多样化需求的校本课程之间的度拿捏到位。既不能以国家课程的硬性规定压制住其校本化或校本课程的设置,更不能以校本课程开发损害国家课程的实施质量;在理论方面,学校课程体系建设涉及教育学原理、心理学、课程论、教学论、系统论、哲学、文化学等理论体系,需要关于人的发展的各个方面的理论作为支撑,需要参与者有着对课程理论的良好素养;在参与主体方面,学校课程体系建设涉及多种主体的有效协同,包括学校外部的教育主管部门的行政领

导、相关研究机构的专家学者、学生家长等,学校内部的校长、教师和学生;在建设内容方面,从前述关于学校课程体系的要素和结构中就可以看出,它是学校教育教学工作的综合,需要学校全方位工作的分进合击和齐头并进。既需要学校文化的建设工作如办学理念、学生培养目标、课程哲学、校训、校风、教风、学风等方面的同步开展和支撑,也需要对国家课程、地方课程进行校本化开发,以及校本课程的开发等工作,还需要建设与学校办学核心理念、学生培养目标,以及与学校课程设置相匹配的课堂教学基本模式、评价方式等;在教研组织及其形式上,由于课程设置的变化,就特别需要建设新的教研组织和探索新的教研活动方式;在学校行政管理上,也需要把传统的基于教学为中心的行政管理模式,改变为以课程为中心,强调由教学管理职能转变为课程领导。由此也就需要重构学校的行政体制,重组学校行政机构。即使仅就课程方面而言,在建设层面其就要涉及课程领导、课程规划、课程开发、课程实施、课程评价、课程更新等环节;在建设主体层面就包含了课程理解、课程协同、课程创造、课程愿景等。况且,学校课程体系建设还处于开放环境之中,需要社会、社区、家庭的有效参与,需要社会和社区资源的充分支持和有效监督。总之,学校课程体系建设是一项涉及面广,任务头绪多,参与主体众,工作环节繁,建设周期长的教育改革工作。

如果学校在课程体系建设中不能全面地理解和充分地认识这一复杂性,就易于使学校课程体系建设流于形式,导致学校核心办学理念、学生培养目标等学校的顶层设计与其教育教学实践的脱离,从而又增加师生的工作学习负担,消减其积极性,甚至会降低国家课程和地方课程或校本课程的实施质量。

(二)学校课程体系理论及拓展类课程研究的欠缺

相关理论的支撑和指导是实践活动科学性和有效性的重要保证,是避免其走弯路,获得事半功倍效果的重要条件。然而,虽然当前迫切需要通过学校课程体系建设深化课程改革,并且也认识到了学校课程体系建设的价值和意义,还凸显出了一些学校课程体系建设的成功案例,但是就现有文献来看,当前还不能看到关于学校课程体系建设的系统研究成果,所能见的除了零星的介绍建设经验的文章外,就是散见于课程理论,尤其是校本课程理论中的涉及学校课程体系建设的部分内容。即使现有的关于学校课程体系建设的经验,也由于它们凭着感性经验,以试误的方式曲折前进,事倍功半;或形成于侧重以学校课程体系建设的成功个案为模板,以比着葫芦画瓢的方式,模仿学校课程体系建设的成功个案。这两种建设经验都个性化强,普遍性不足,不足以作为学校课程体系的支撑和指导。

（三）学校课程体系及拓展类课程的建设需要创造良好的环境

与教学法的改革相比，学校课程体系建设在学校的师资、学苗、资源乃至学校的地理环境等方面都有较高的要求。教学法改革的成败在一定程度上由教师个人的素质就可以决定，而学校课程体系建设则取决于学校教育教学工作的方方面面协同合作。前面关于学校课程体系建设成功案例的分析中，就曾总结出了当前那些在课程体系建设方面较为成功的学校几乎都具有"名校"的光环和改革的传统，其校长都具有践行教育理想的精神和毅力，其师生的专业性高、基础性好，办学具有明显的地缘优势和宽松的外部管理环境，并能够得到专家学者的支持。虽然说这些并不是学校课程体系建设成败的决定性条件，但如果这些条件不具备，学校课程体系建设面临的困难就会更大，任务就更加艰巨。

参考文献

一、图书类

1. 高宝立,刘贵华.教育研究年度报告 2012[M].北京:教育科学出版社,2014.

2. 陈如平.中国普通高中教育发展报告 2012[M].北京:教育科学出版社,2013.

3. 曾天山.教材论[M].南昌:江西教育出版社,1997.

4. 田慧生,曾天山.中小学课程教学改革与实验[M].北京:四川教育出版社,1997.

5. 廖哲勋,田慧生.课程新论[M].北京:教育科学出版社,2003.

6. 陈玉琨.课程改革与课程评价[M].北京:教育科学出版社,2001.

7. 黄显华,霍秉坤.寻找课程论和教科书设计的理论基础[M].北京:人民教育出版社,2002.

8. 罗厚辉.课程开发的理论基础[M].济南:山东教育出版社,2002.

9. 吉纳·E.霍尔,雪莱·M.霍德.实施变革:模式、原则与困境[M].吴晓玲,译.杭州:浙江教育出版社,2004.

10. 李定仁,徐继存.课程论研究二十年(1979—1999)[M].北京:人民教育出版社,2004.

11. 赫莱伯威茨.学校课程设计[M].孙德芳,孙杰,译.北京:中国轻工业出版社,2006.

12. 凯利.课程理论与实践(第五版)[M].吕敏霞,译.北京:中国轻工业出版社,2007.

13. 威尔斯,邦迪.课程开发:实践指南[M].徐学福,陈静,译.北京:中国轻工业出版社,2007.

14. 陈美如.多元文化课程的理念与实践[M].台北:师大书苑,2000.

15. 陈侠.课程论[M].北京:人民教育出版社,1985.

16.恰瑞罗特.情境中的课程——课程与教学设计[M].杨明全,译.北京:中国轻工业出版社,2007.

17.陈向明.质的研究方法与社会科学研究[M].北京:教育科学出版社,2000.

18.范兆雄.课程资源论[M].北京:中国社会科学出版社,2002.

19.拉尔夫·泰勒.课程与教学的基本原理[M].罗康,张阅,译.北京:中国轻工业出版社,2008.

20.邓志伟.多元文化·课程开发[M].合肥:安徽教育出版社,2008.

21.周勇.传统文化·课程开发[M].合肥:安徽教育出版社,2008.

22.郭晓明.课程结构论[M].长沙:湖南师范大学出版社,2002.

23.赫德永.课程研制方法论[M].北京:教育科学出版社,2000.

24.夏志芳.地域文化·课程开发[M].合肥:安徽教育出版社,2008.

25.钟启泉.教育的挑战[M].上海:华东师范大学出版社,2008.

26钟启泉.课程的逻辑[M].上海:华东师范大学出版社,2008.

27.江山野主编.简明国际教育百科全书·课程[M].北京:教育科学出版社,1991.

28.欧用生.课程发展的基本理论[M].台北:台湾复文图书出版社,1988.

29.施良方.课程理论:课程的基础、原理与问题[M].北京:教育科学出版社,1999.

30.张华,钟启泉.经验课程论[M].上海:上海教育出版社,2000.

31.孟凡丽.多元文化背景中地方课程开发研究[M].北京:中国社会科学出版社,2008.

32.钟启泉,李雁冰主编.课程设计的基础[M].济南:山东教育出版社,2000.

33.叶澜.中国基础教育改革发展研究[M].北京:中国人民大学出版社,2009.

34.钟启泉,张华.课程与教学论[M].广州:广东高等教育出版社,2000.

35.简楚瑛.课程发展理论与实践[M].北京:教育科学出版社,2010.

36.周广强.课程资源开发和整合[M].北京:人民教育出版社,2004.

37.威廉·派纳等.理解课程[M].张华等,译.北京:教育科学出版社,2004.

38.徐玉珍.校本课程开发的理论与案例[M].北京:人民教育出版社,2003.

39.国际技术教育协会著.美国国家技术教育标准:技术学习的内容[M].黄军英等,译.北京:科学出版社,2003.

40.柯孔标,李荆,方凌燕.拓展性课程开发与实施指南[M].杭州:浙江教育出版,2018.

41.顾亚莉.让每一颗星星都闪亮:基于"学科+"的拓展性课程活动案例集[M].北京:光明日报出版社,2019.

二、论文类

1.华国栋,宝立.实施优质教育,促进全体学生全面发展——江苏省泰兴市洋思中学的经验及启示[J].教育研究,2005,26(6):68-73.

2.陈如平.学校办学理念的"二元结构"现象剖析[J].教育发展研究,2005,(10):60-63.

3.陈如平.如何提出和提炼办学理念[J].中小学管理,2006,(10):4-6.

4.陈如平.以课程体系建设为平台,实现学校发展的系统性变革——评北京市海淀区小学"课程整合、自主排课"实验[J].基础教育课程.2014,(9):33-35.

5.田慧生.中国特色社会主义课程体系的成功探索与实践——十六大以来我国基础教育课程改革回顾与展望[J].人民教育,2012,(19):10-13.

6.田慧生.新课程标准修订的基本精神与主要特点[J].中国教育学刊,2014,(11):34-49.

7.张华.论课程实施的涵义与基本取向[J].全球教育展望,1999,(2):28-33.

8.王而治.课程体系三级管理的意义、功能及其运作规范[J].课程·教材·教法,2000,(5):15-16.

9.叶丽新."课程实施"的三维理解[J].现代教育论丛,2000,(6):9-13.

10.马云鹏.课程实施及其在课程改革中的作用[J].课程·教材·教法,2001,21(9):18-23.

11.成尚荣.地方课程管理与地方课程开发[J].教育研究,2004,25(3):67-71.

12.李臣之.浅谈影响课程实施的六大因素[J].教育导刊,2001,(23):20-21.

13.马云鹏,唐丽芳.课程实施策略的选择——课程改革中一个不可忽视的问题[J].比较教育研究,2002,23(1):16-20.

14.郭元祥.关于地方课程开发的几点思考[J].课程·教材·教法,2000(1):6-8.

15.金志远.课程内容多元文化初探[J].内蒙古师范大学学报(教育科学版),2002,15(1):36-38.

16.汪霞.课程设计的几个基本问题[J].教育理论与实践,2001,21(11):54-59.

17. 孟凡丽,于海波.课程实施研究二十年[J].西北师范大学报(社会科学版),2003,40(2):1-5.

18. 李子健,尹弘飚.后现代视野中的课程实施[J].华东师范大学学报(教育科学版),2003,21(1):21-33.

19. 彭虹斌,程红.我国当前课程实施中存在的一些问题及对策[J].教育理论与实践,2003,23(17):38-42.

20. 靳玉乐,尹弘飚.教师与新课程实施:基于CBAM的个案分析[J].课程·教材·教法,2003,23(11):51-58.

21. 尹弘飚,李子健.基础教育新课程实施的影响因素分析——重庆北碚实验区的个案调查[J].南京师范大学报(社会科学版),2004,(2):62-70.

22. 余进利.我国基础教育三级课程管理体制实施述评[J].当代教育科学,2004,(4):22-25.

23. 李敏.从三级对立走向三级整合的世界课程管理模式[J].全球教育展望,2004,33(6):28-30.

24. 吴刚平.课程资源的理论构想[J].教育研究,2001,22(9):59-63.

25. 崔允漷.课程改革呼唤执行力[J].教育发展研究,2004,24(9):32.

26. 杨启亮.特色均衡:欠发达地区课程变革路径的选择[J].课程·教材·教法,2006,26(12):3-7.

27. 徐玉珍.校本课程开发:概念解读[J].课程·教材·教法,2001,21(4):12-17.

28. 李子健.课程实施研究的障碍与契机[J].河南大学学报(社会科学版),2005,45(4):141-144.

29. 陈亚鹏.当前我国增强课程执行力的策略探析[J].当代教育科学,2005,(7):30-34.

30. 石鸥.关于基础教育课程改革的几点认识[J].教育研究,2005,26(9):28-30.

31. 柯政.课程政策的执行与设计[J].教育发展研究,2005,25(19):7-9.

32. 吴刚平.校本课程开发的特点与条件[J].教育参考,1999,(3):28-31.

33. 吴刚平.校本课程的机遇与挑战[J].教育评论,1999,(1):54-56.

34. 吴刚平.校本课程开发活动的类型分析[J].教育发展研究,1999,(11):37-41.

35. 崔允漷.从"选修课和活动课"走向"校本课程"——"江苏省锡山高级中学校本课程"个案研究[J].教育发展研究,2000,(2):22-26.

36. 靳玉乐.校本课程的实施:经验、问题与对策[J].教育研究,2001,22(9):53-58.

37. 李臣之.校本课程开发:实质、策略与条件[J].教育导刊,2000,(12):20-23.

38. 陈桂生.何谓"校本课程"?[J].河北师范大学学报(教育科学版),1999,(4):57-59.

39. 崔允漷,杜萍.校本课程开发:辩护与批判[J].教育发展研究,1999,(1):35-36.

40. 丁念金.学校课程统整中的课程结构设计[J].课程·教材·教法,2008,(11):3-7.

41. 方蕾,王力强,丁念金.学校课程统整中课程结构的探讨——以上海市新会中学为个案[J].基础教育,2009,(1):41-44.

42. 段俊霞,刘义兵.课程统整故事模式的理论与实践[J].中国教育学刊,2009,(3):59-61.

43. 马云鹏.基础教育课程改革:实施进程、特征分析与推进策略[J].课程·教材·教法,2009,29(4):3-9.

44. 林一钢.校本课程开发的要义[J].教育发展研究,2002,22(1):24-26.

45. 靳玉乐.校本课程的实施:经验、问题与对策[J].教育研究,2001,22(9):53-58.

46. 崔允漷.我国校本课程开发现状调研报告[J].全球教育展望,2002,31(5):6-11.

47. 欧用生.披着羊皮的狼——校本课程改革的台湾经验[J].全球教育展望,2002,31(7):28-34.

48. 金建芳.统整三类课程优化教学资源[J].现代教学,2011,(3):18-19.

49. 赵士果,崔允漷.比恩课程统整的理念及模式建构[J].全球教育展望,2011,40(7):32-36.

50. 李志超,靳玉乐.学校文化重建与课程改革[J].中国教育学刊,2013,(2):22-26.

51. 胡东芳.课程政策研究——对"课程共有"的理论探索[D].上海:华东师范大学,2001.

52. 杨中枢.学校课程管理研究[D].兰州:西北师范大学,2004.